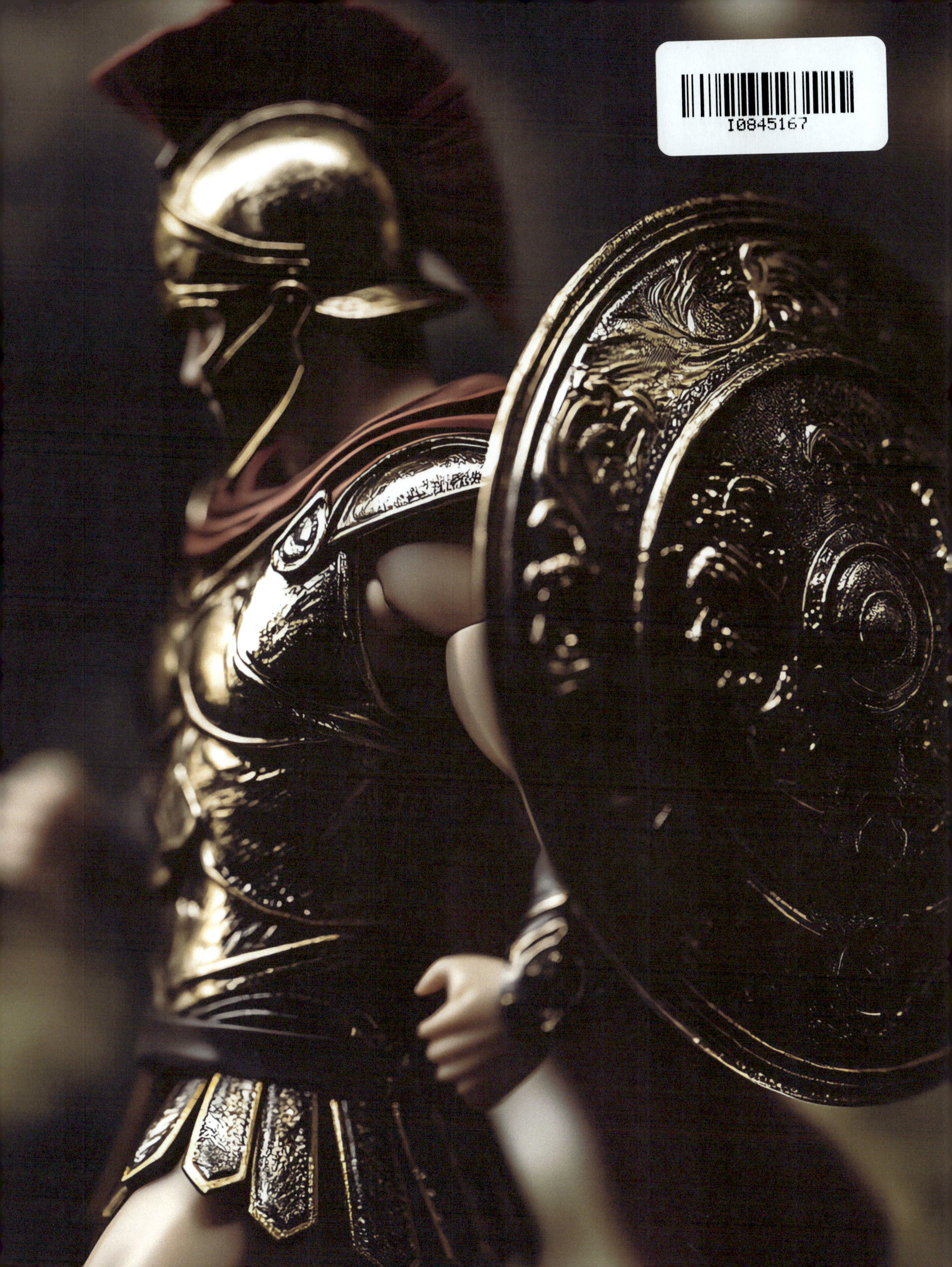
I0845167

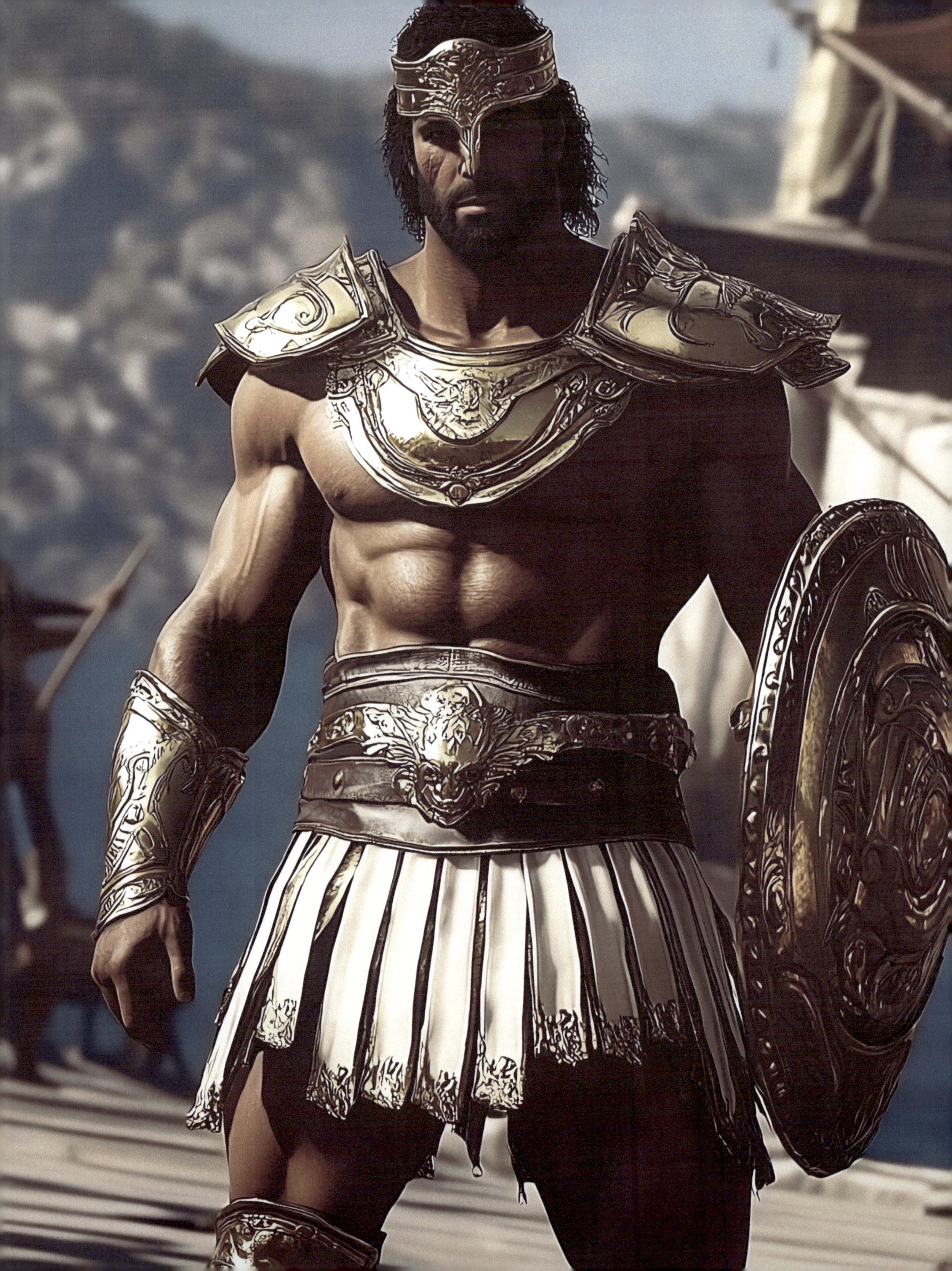

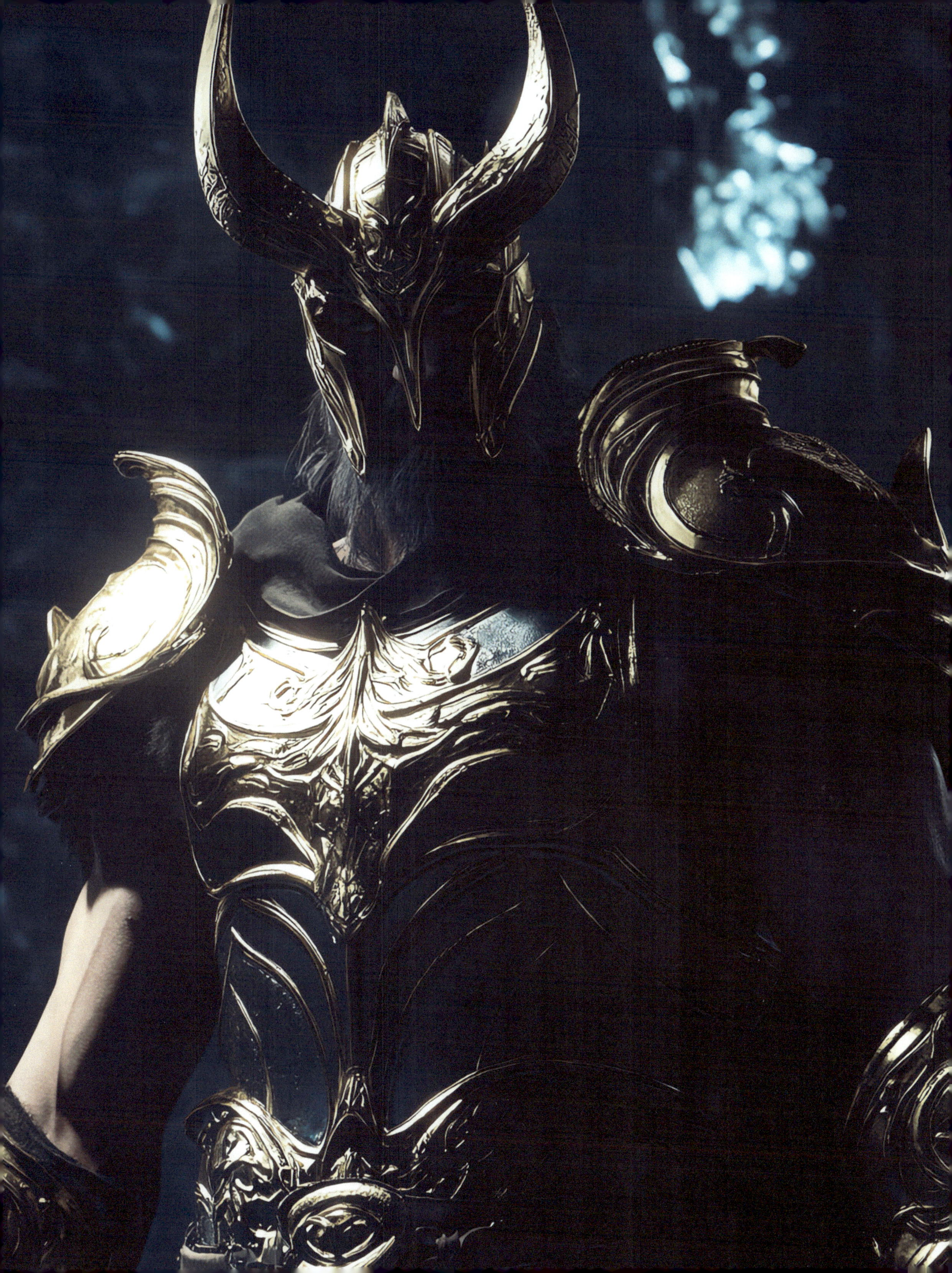

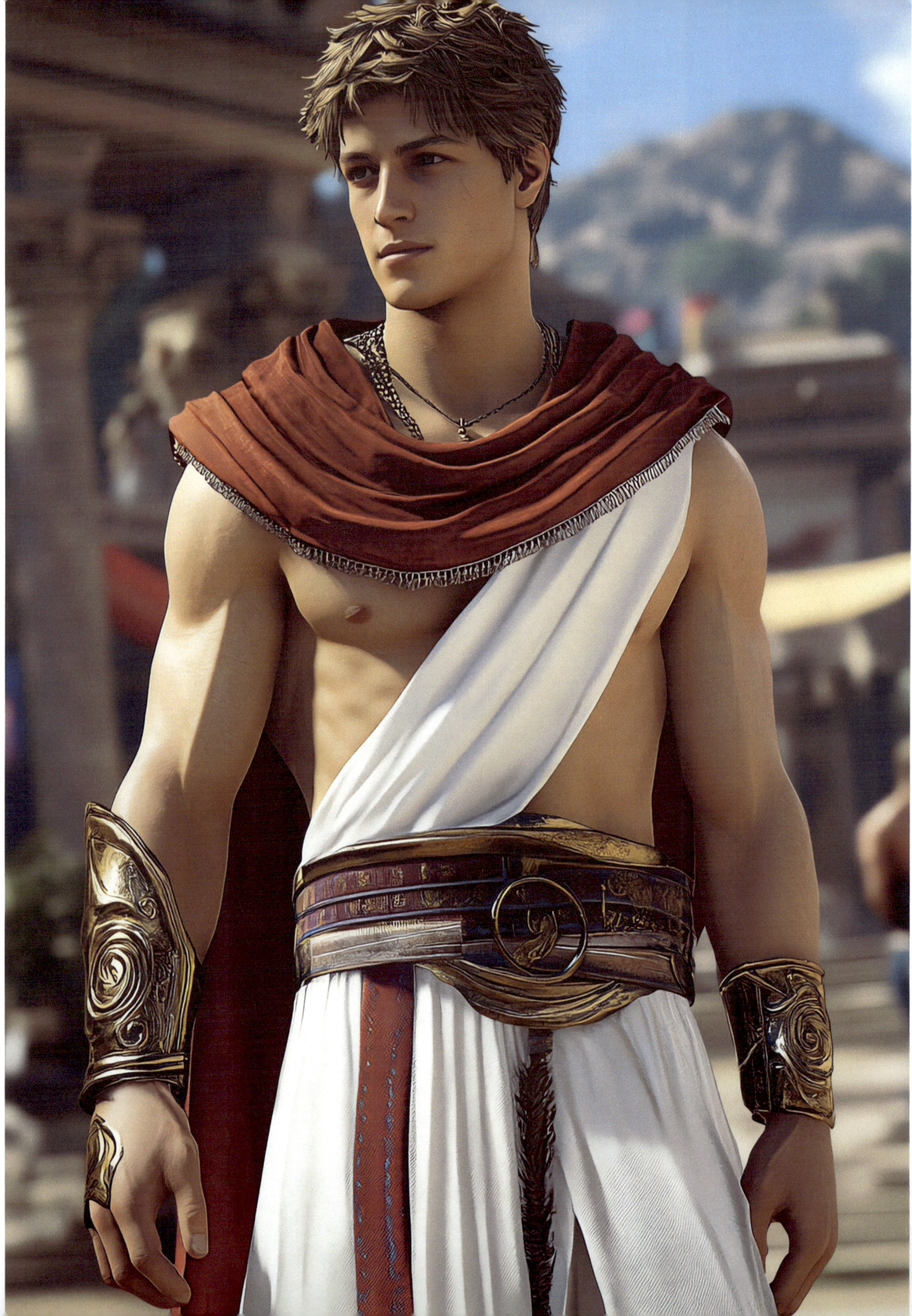

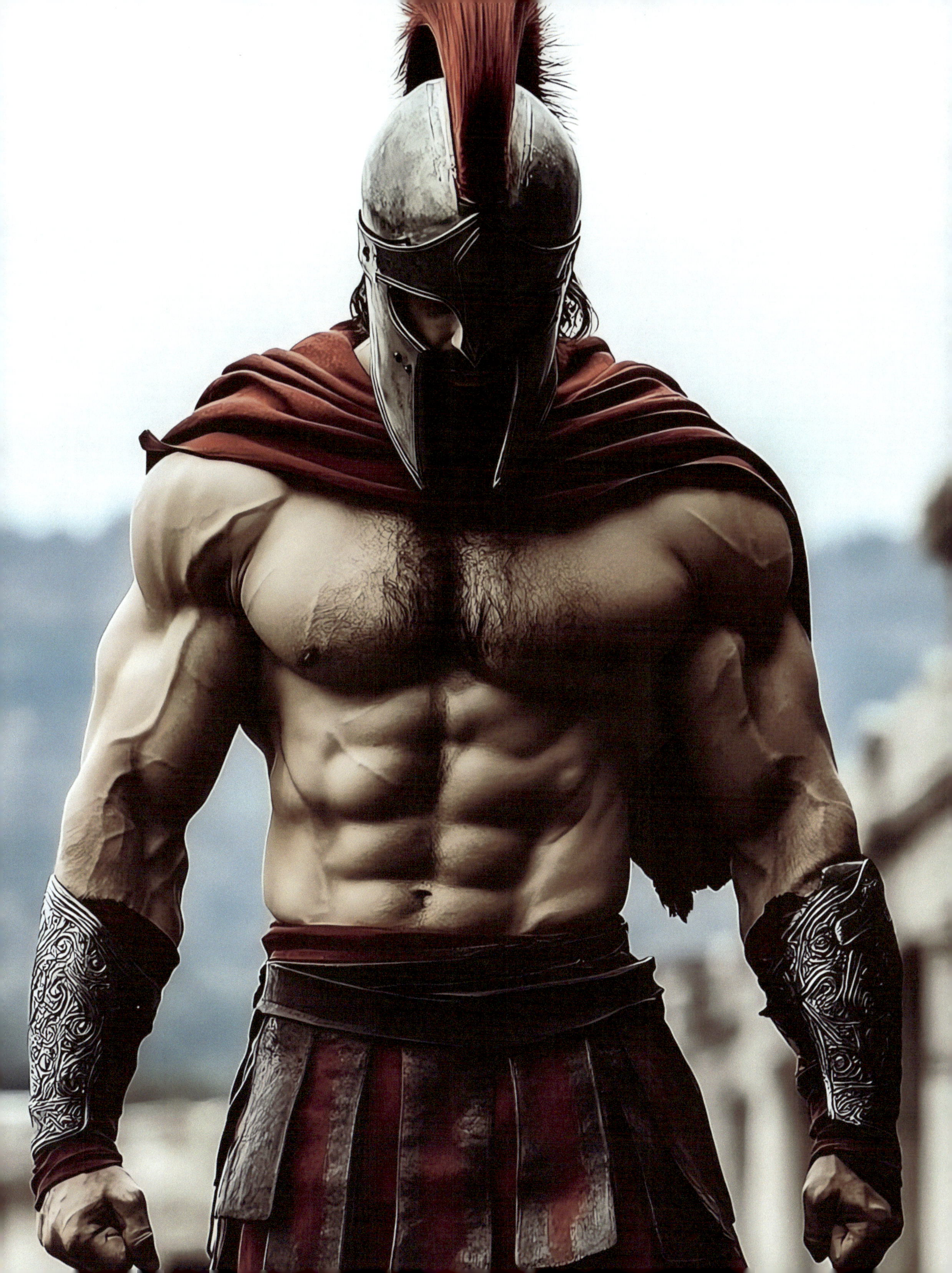

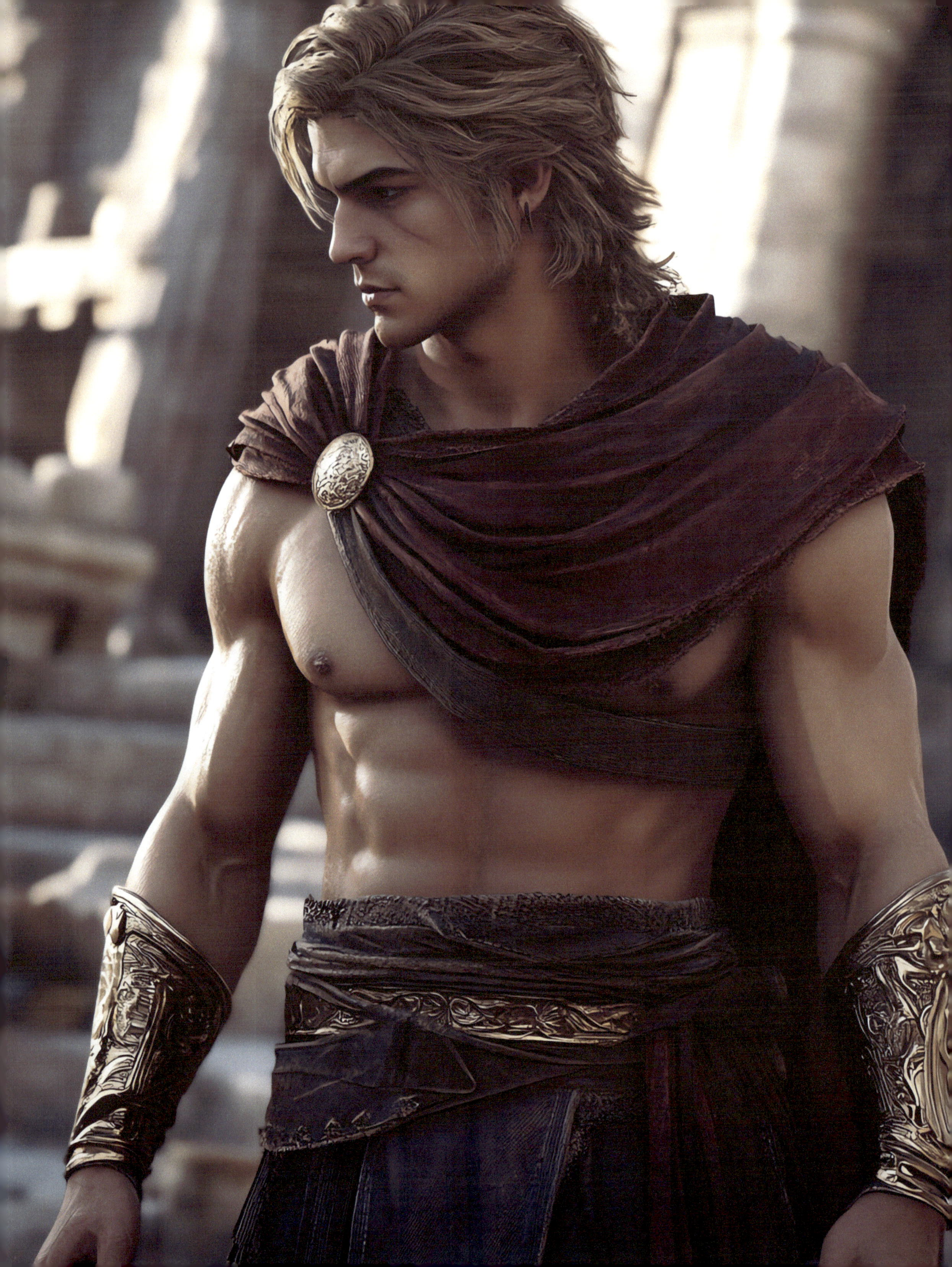

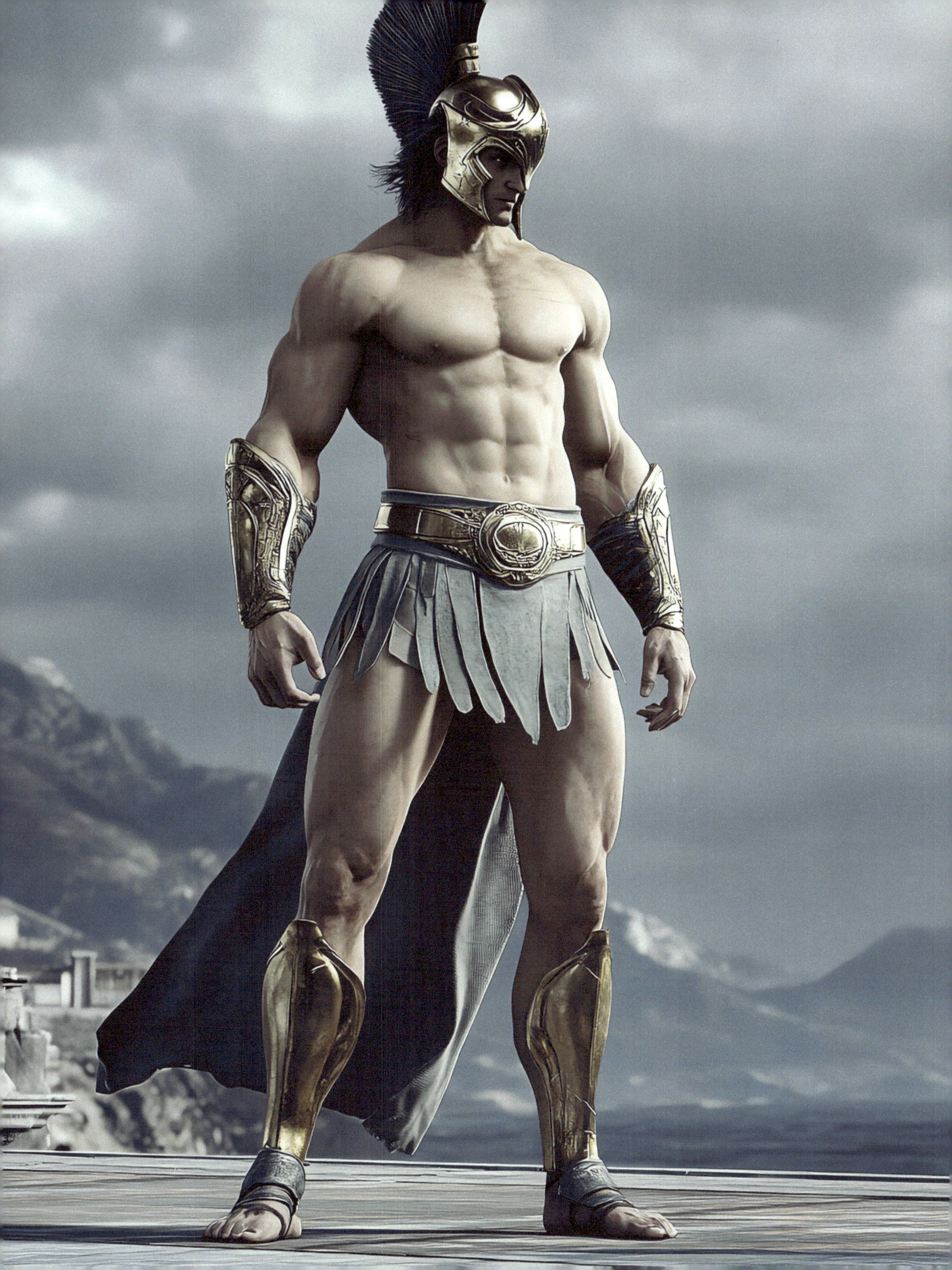

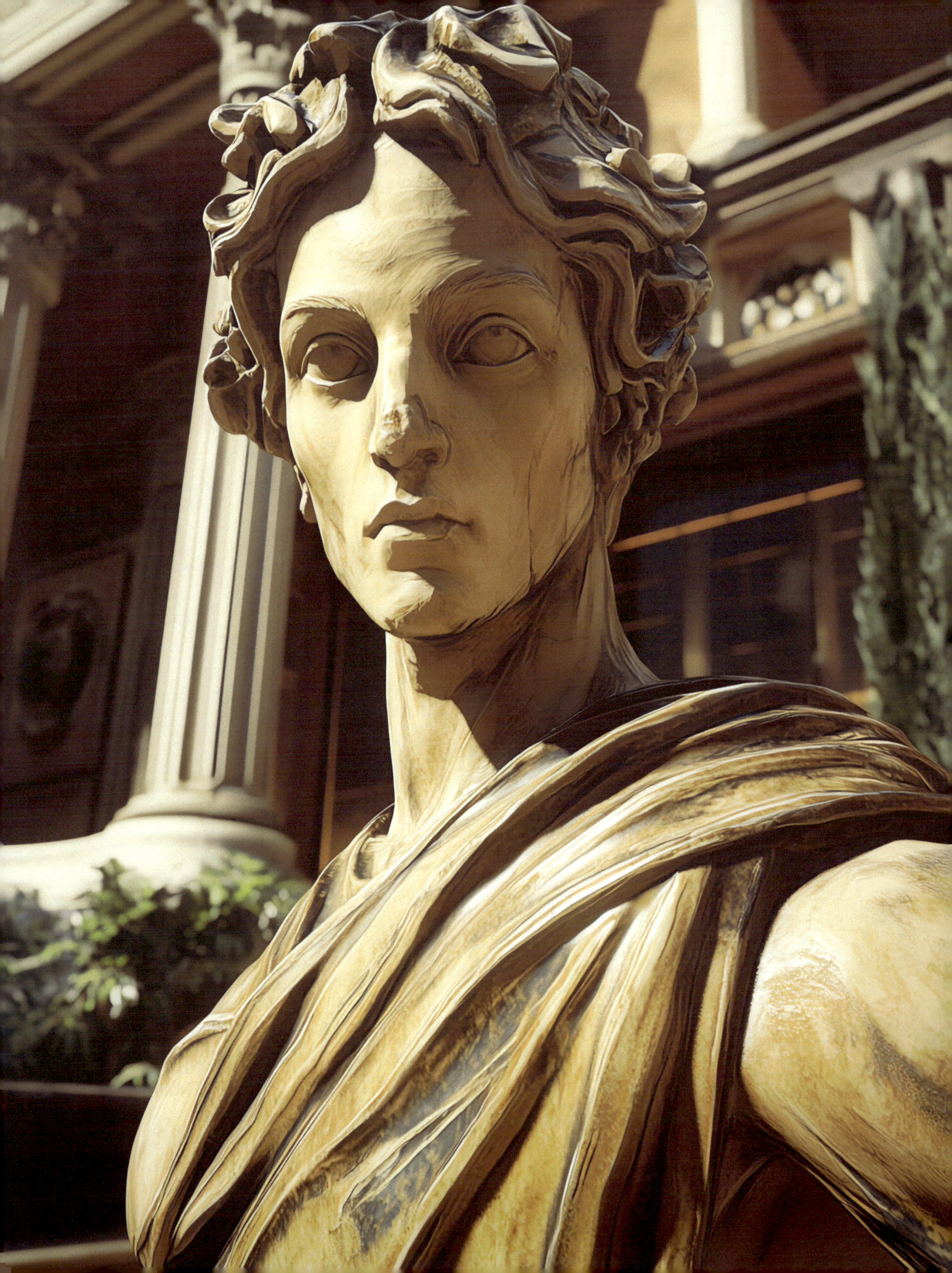

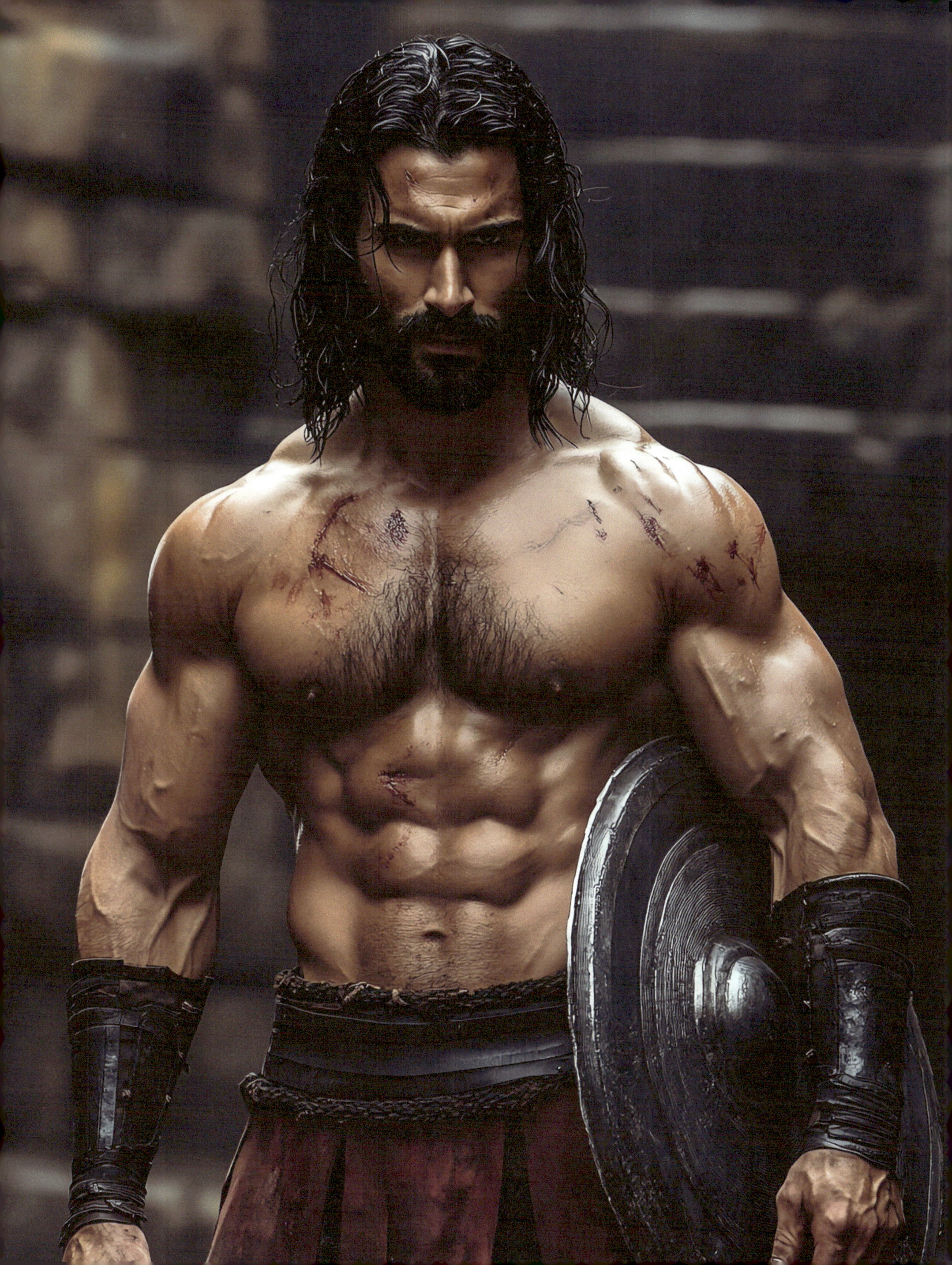

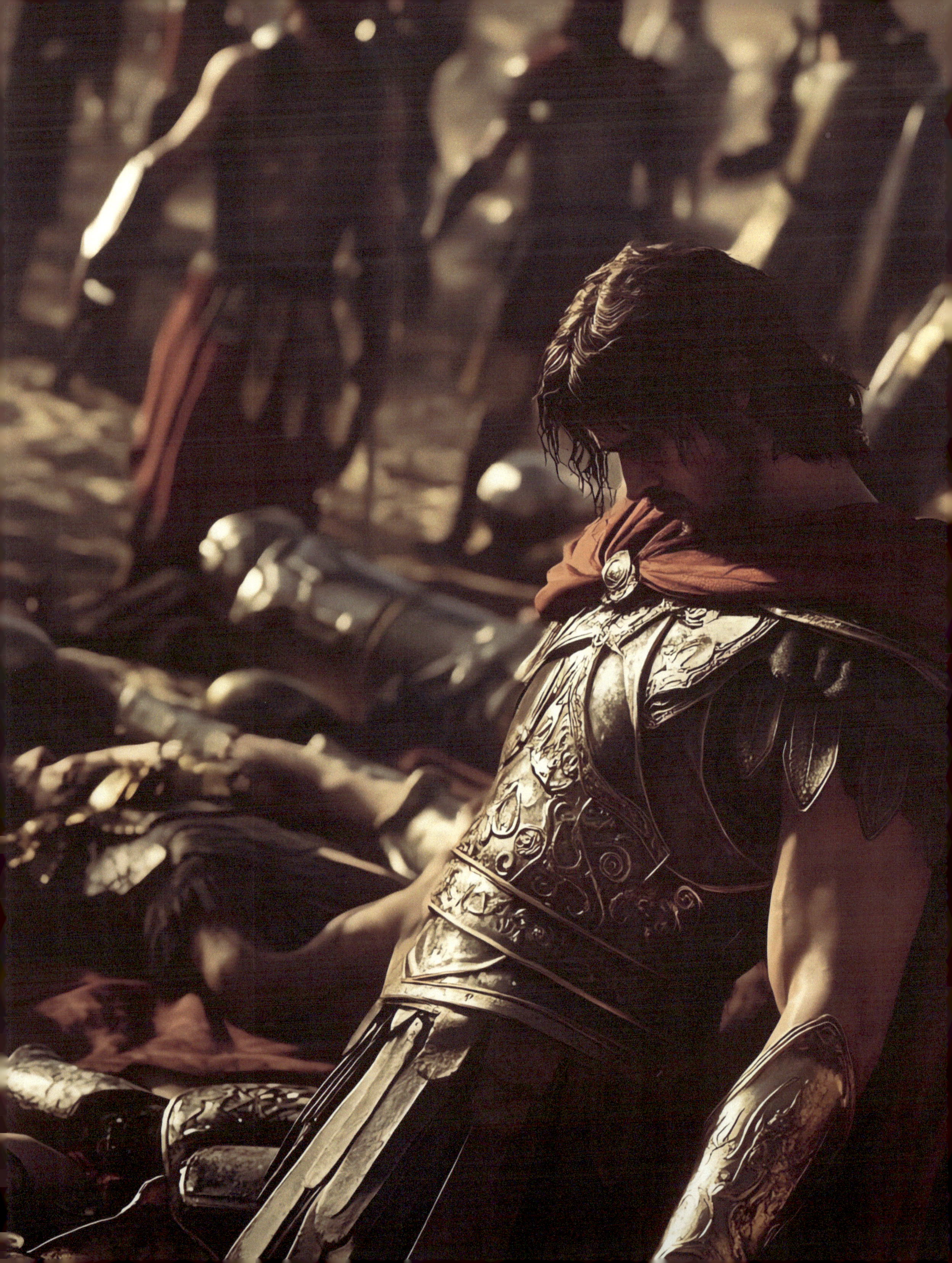

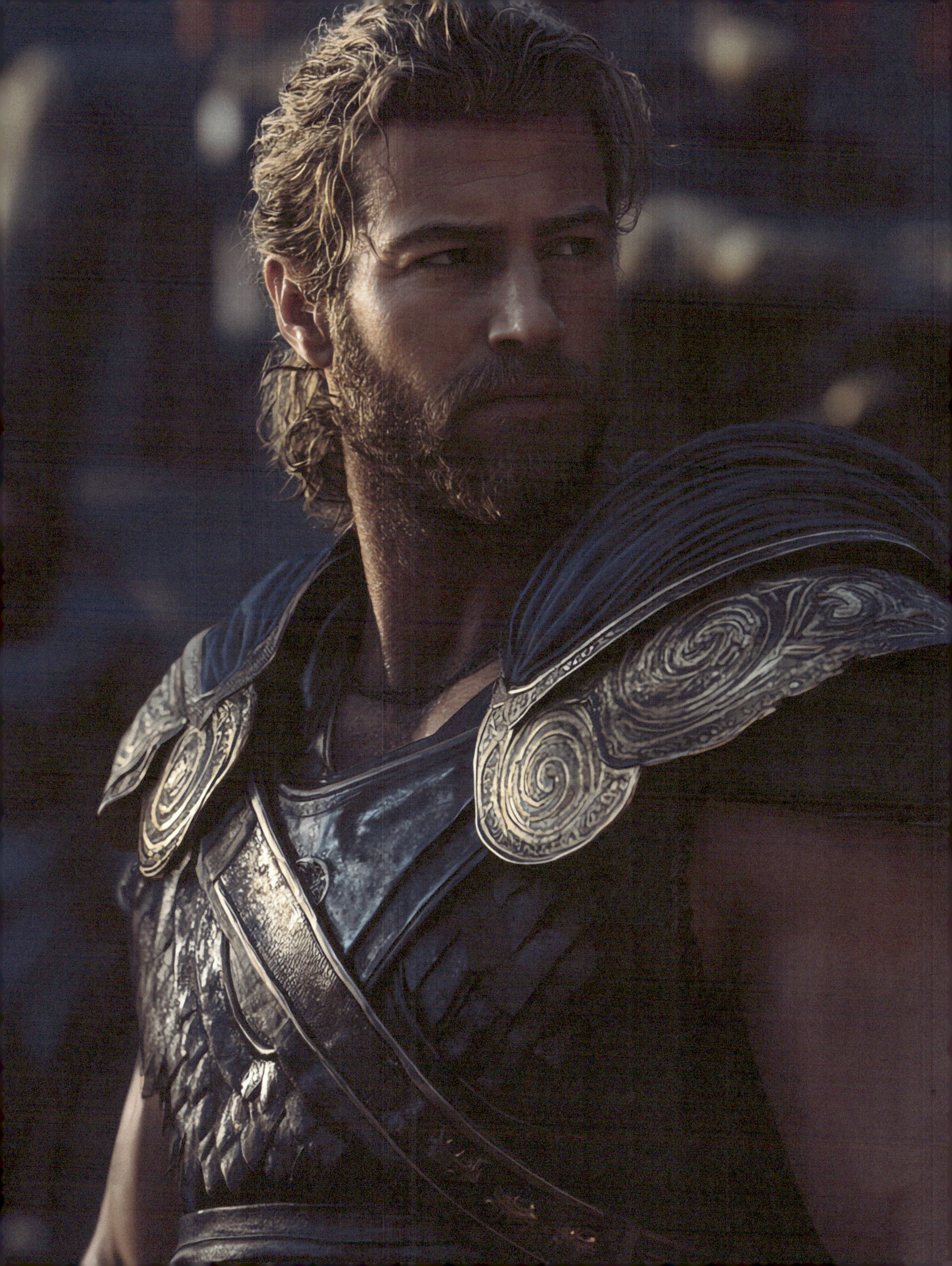

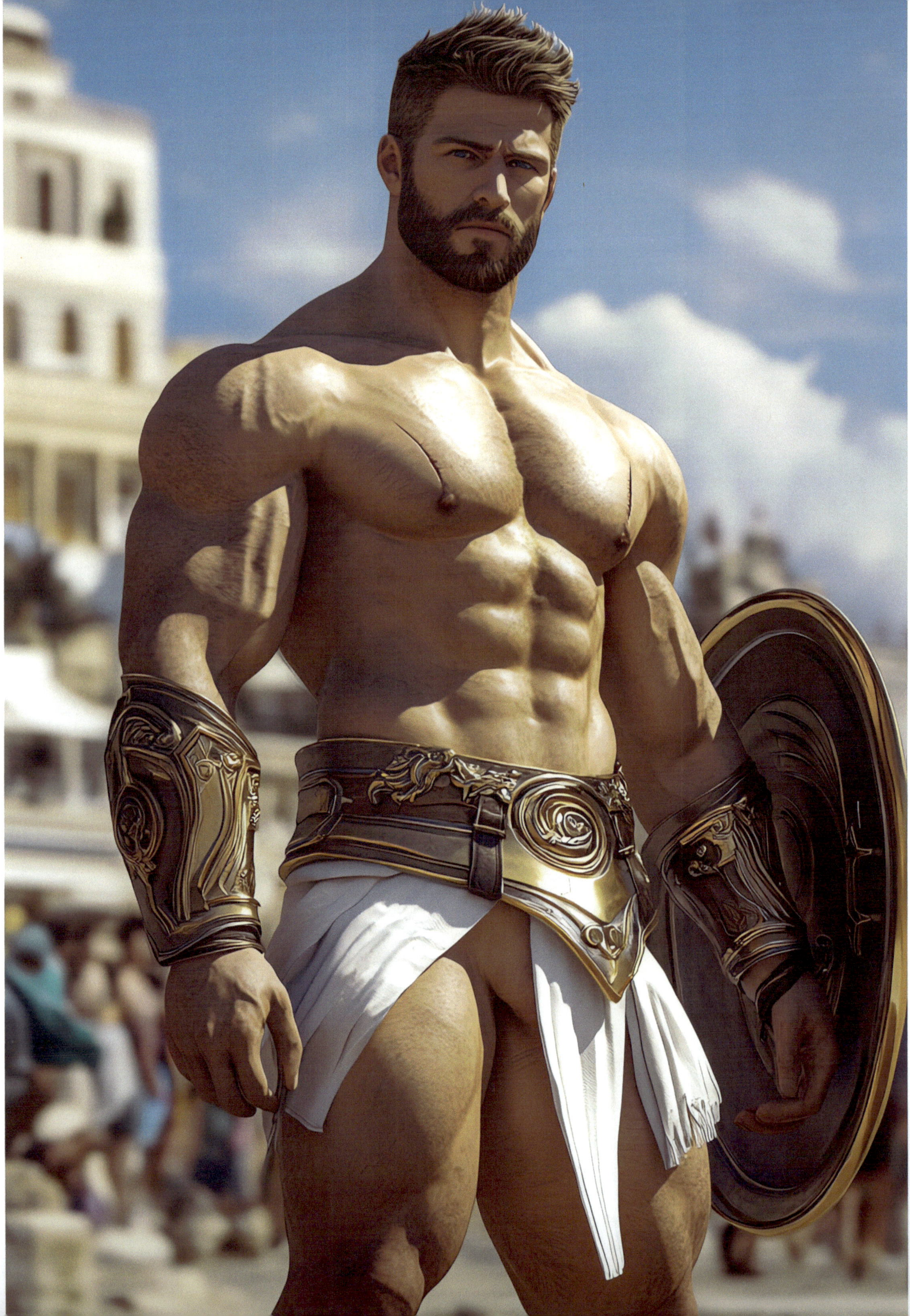

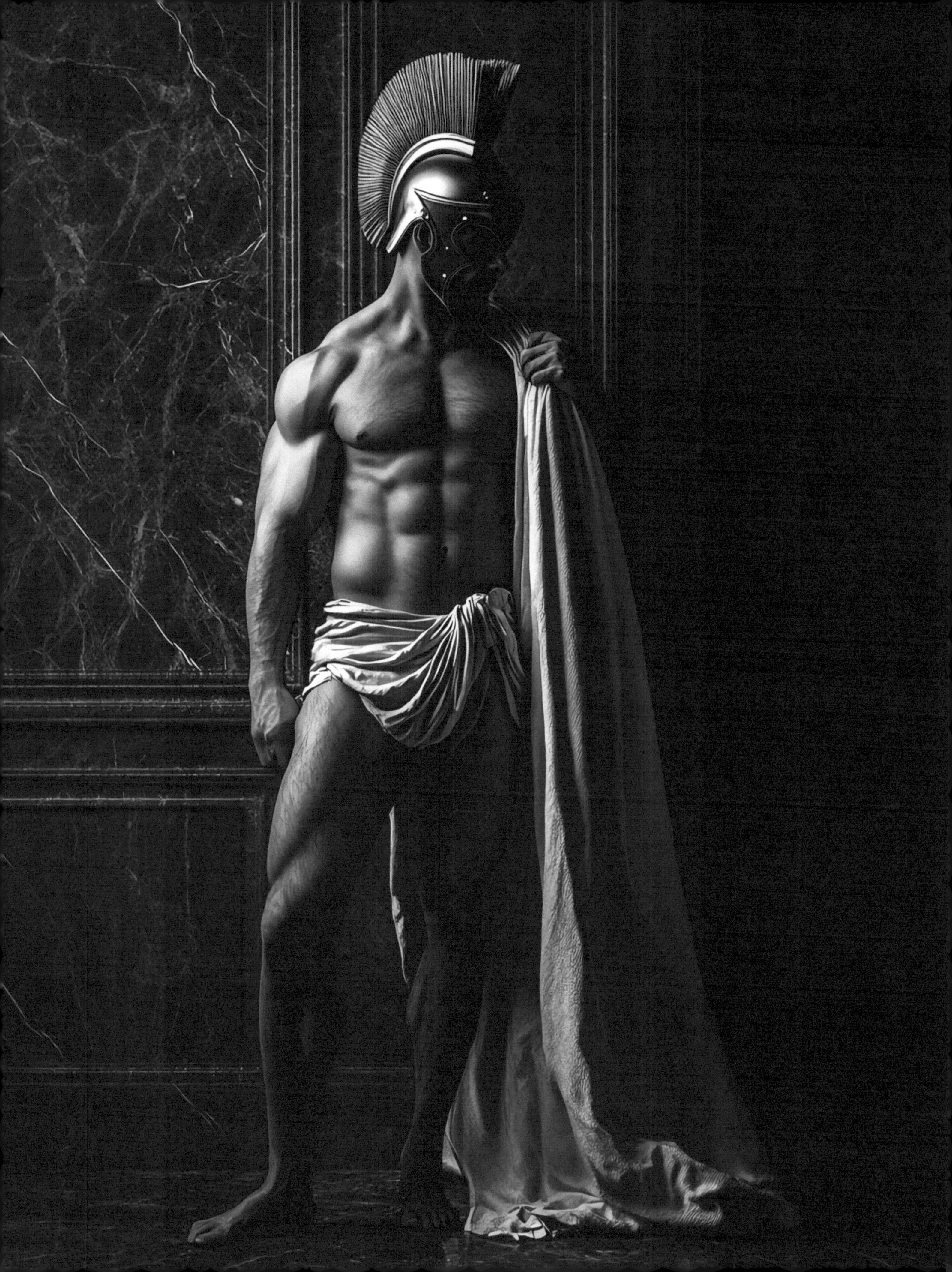

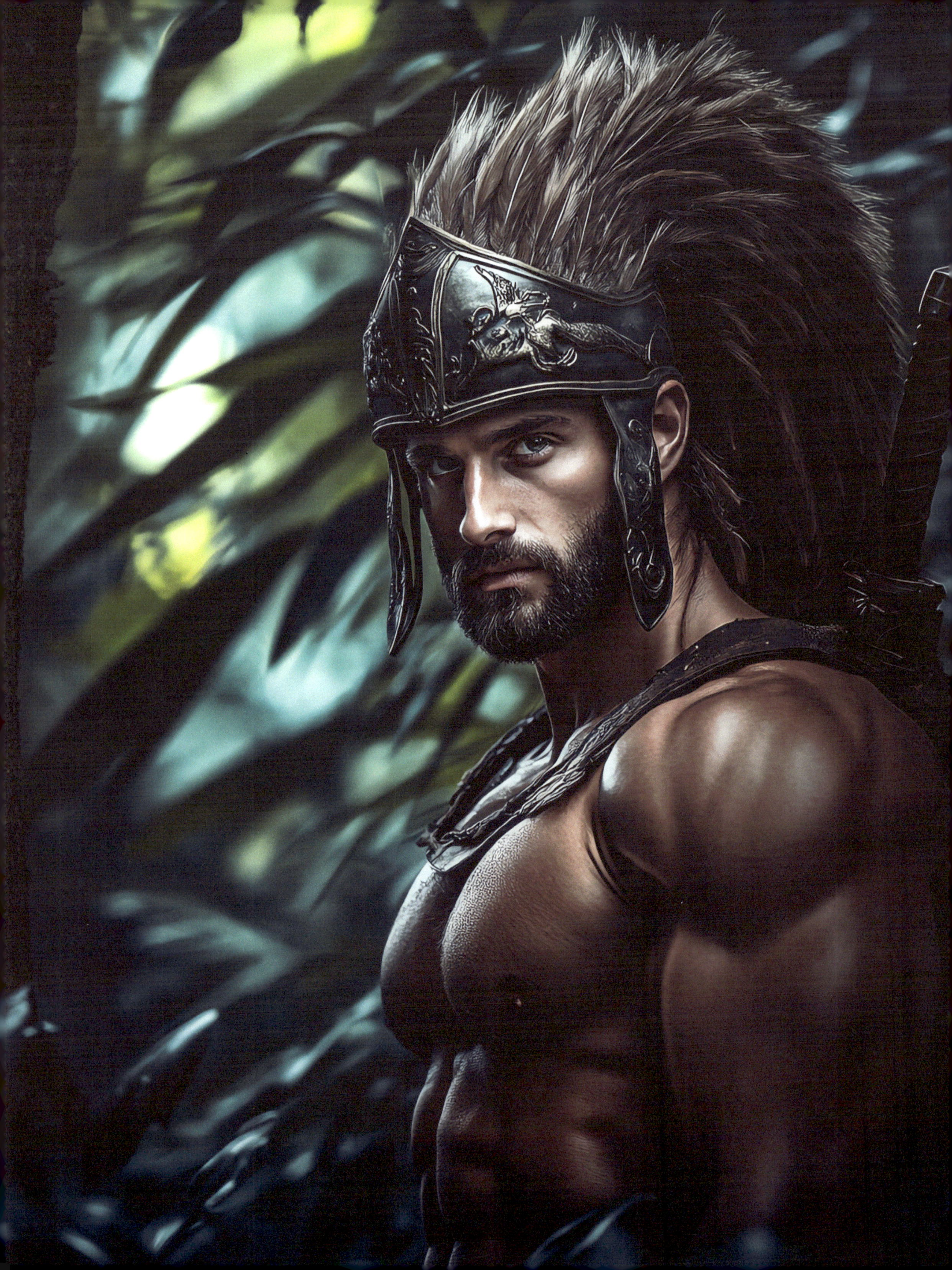

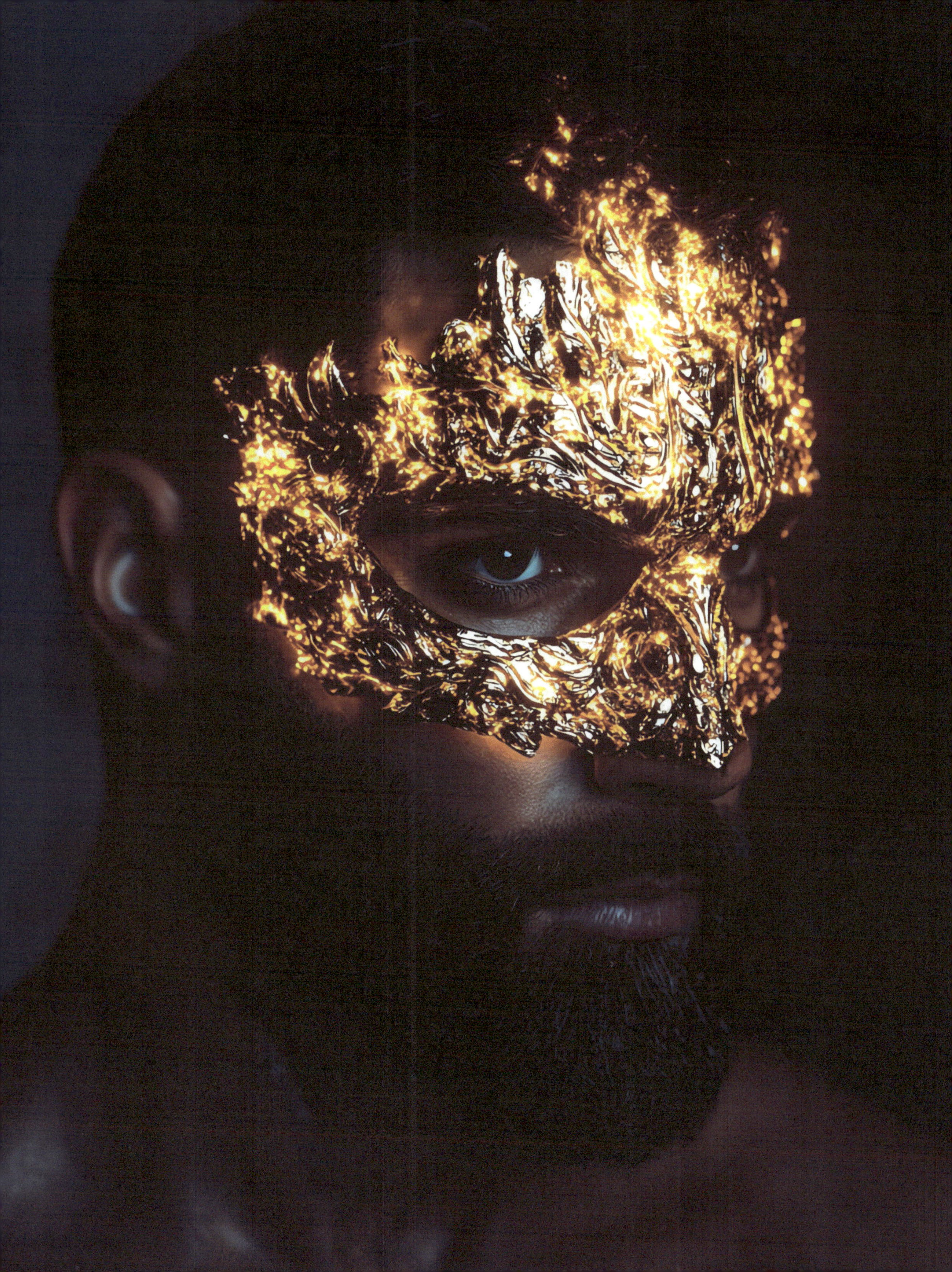

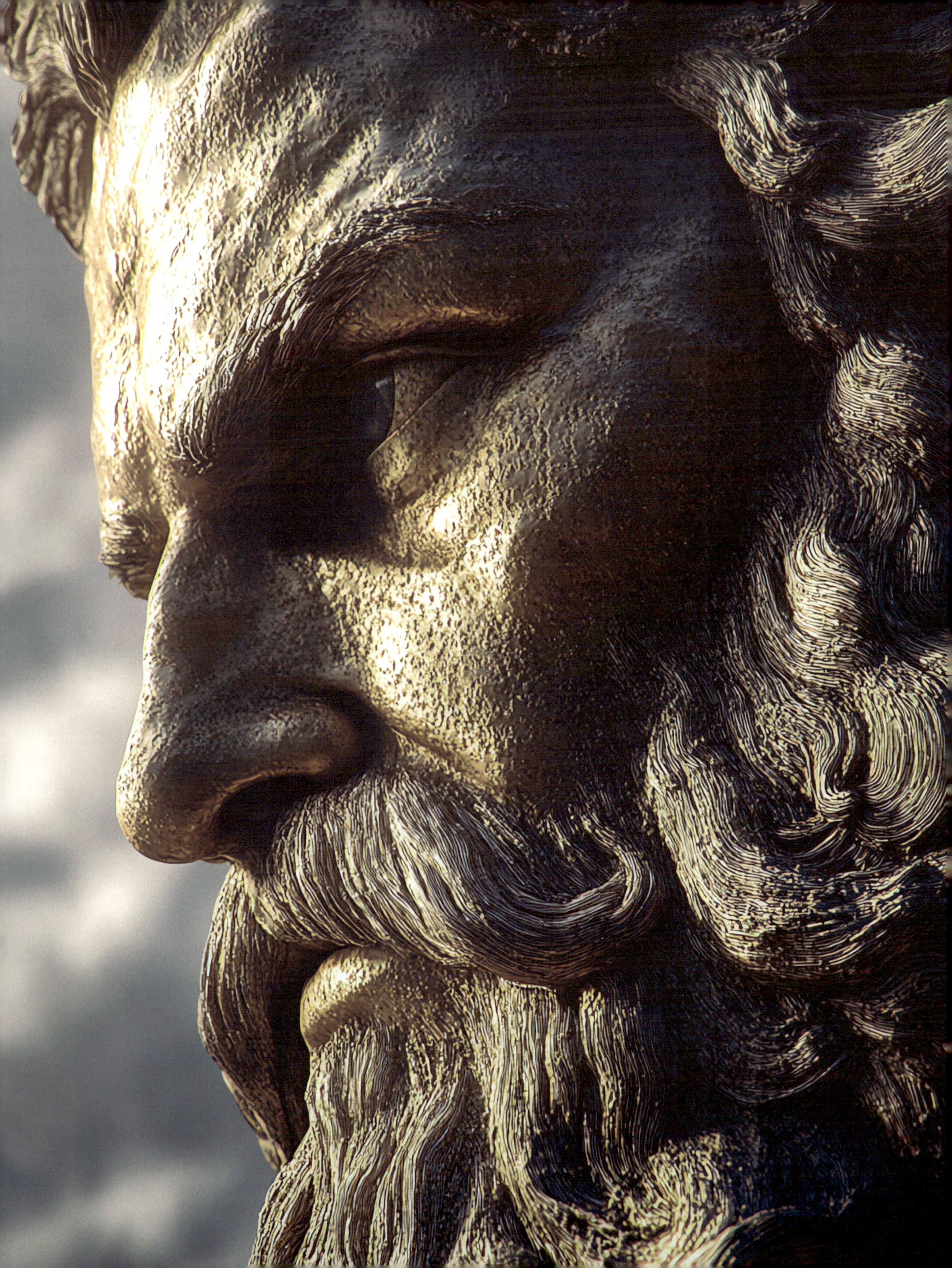

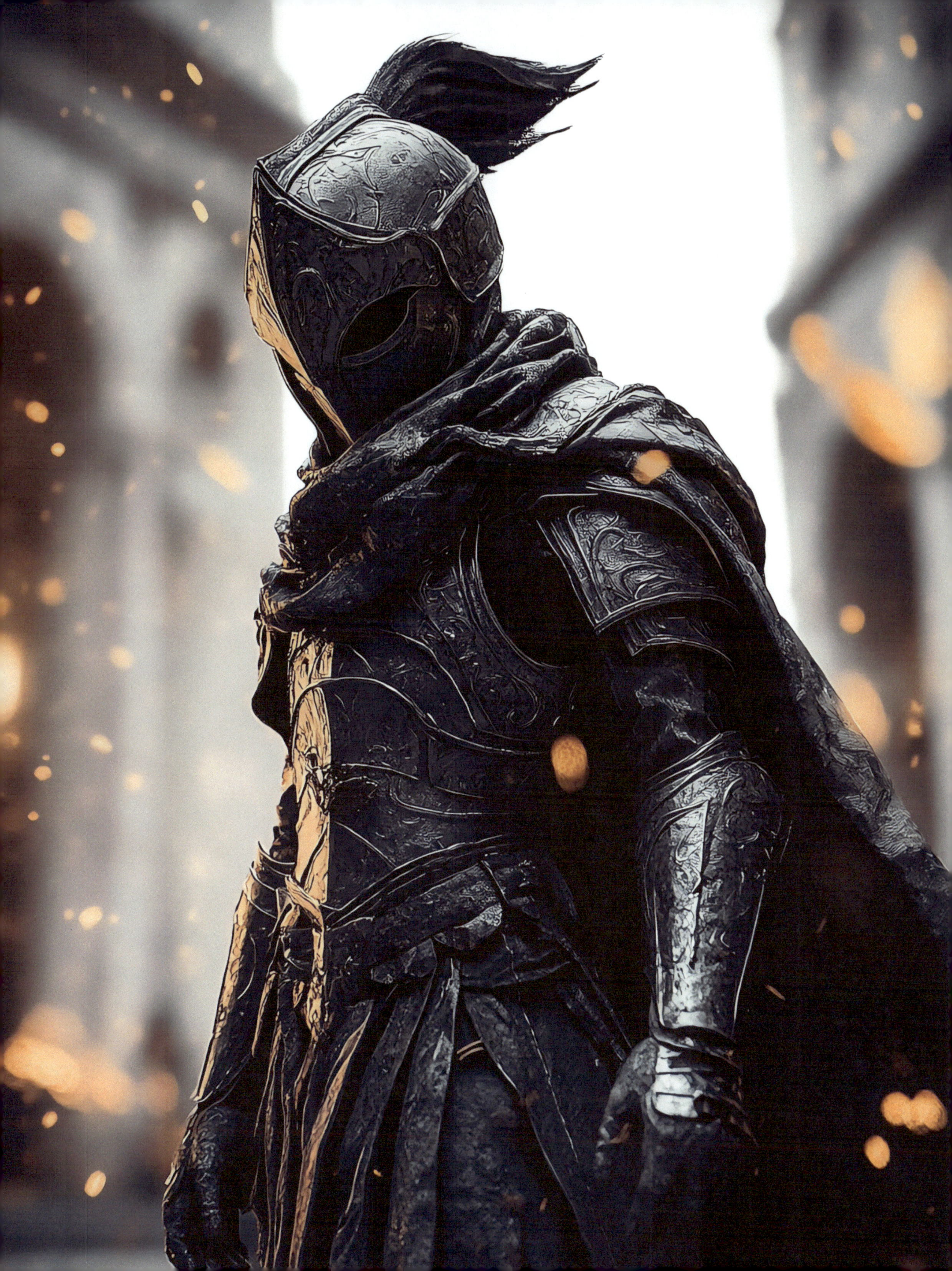

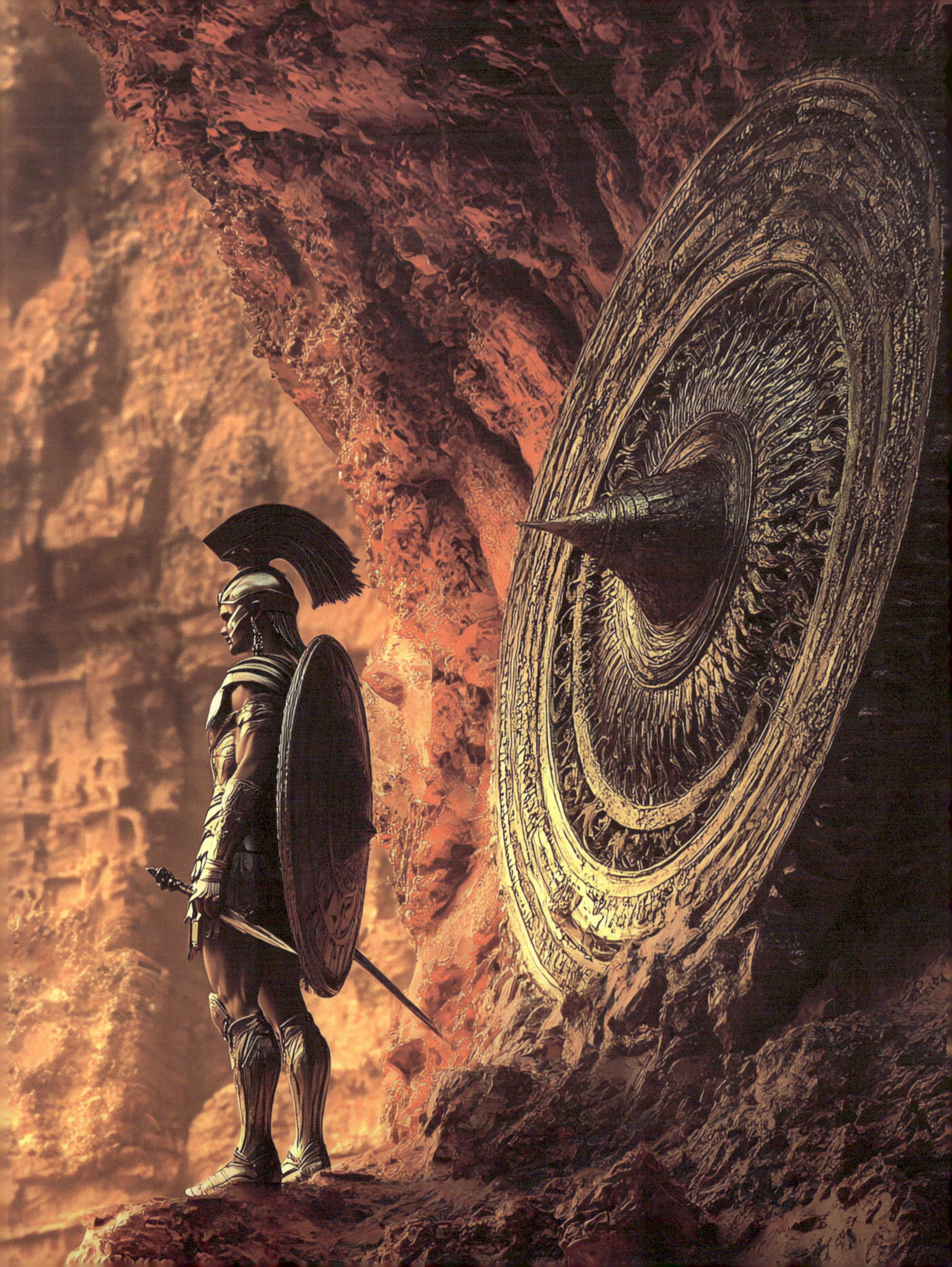

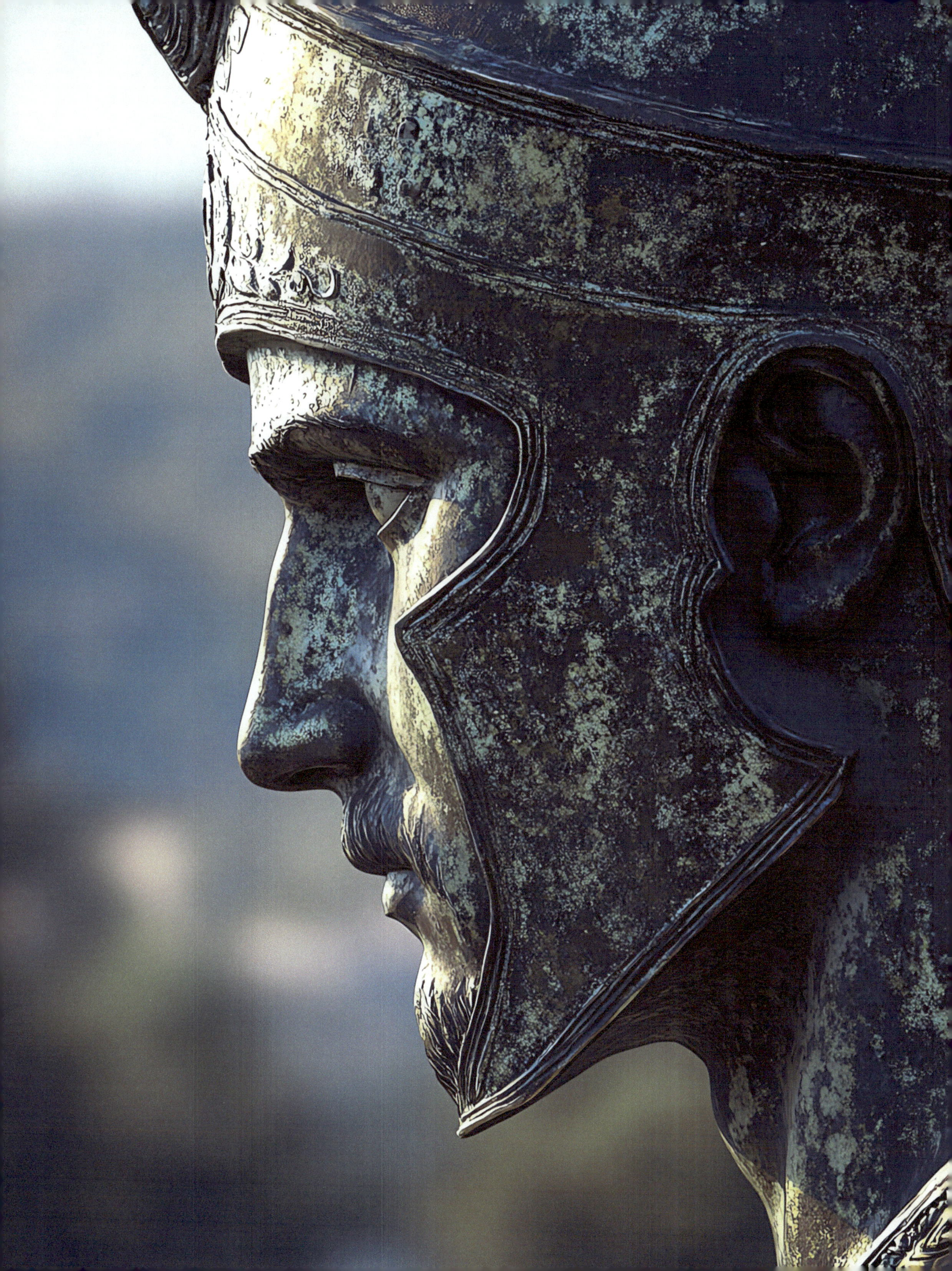

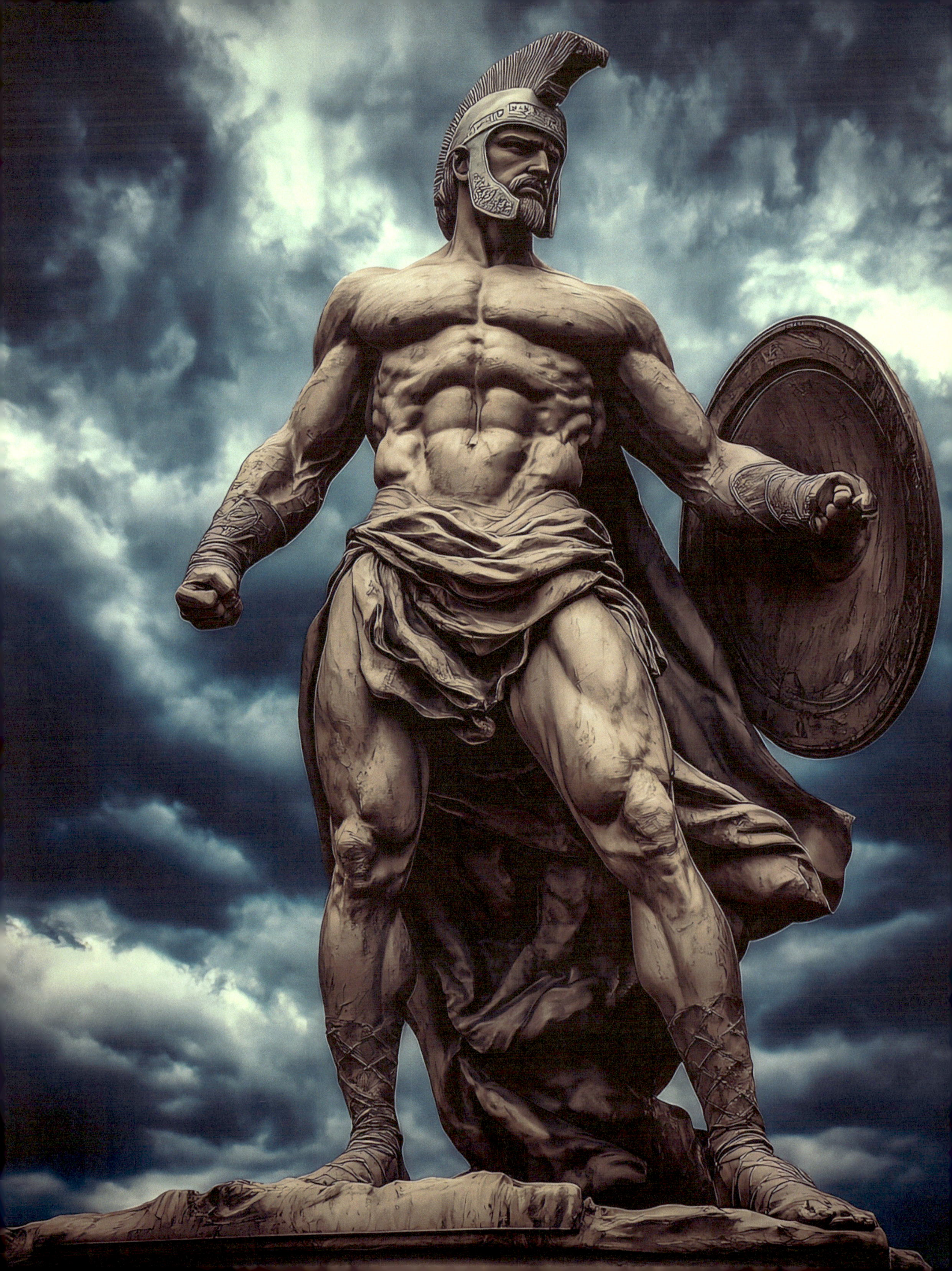

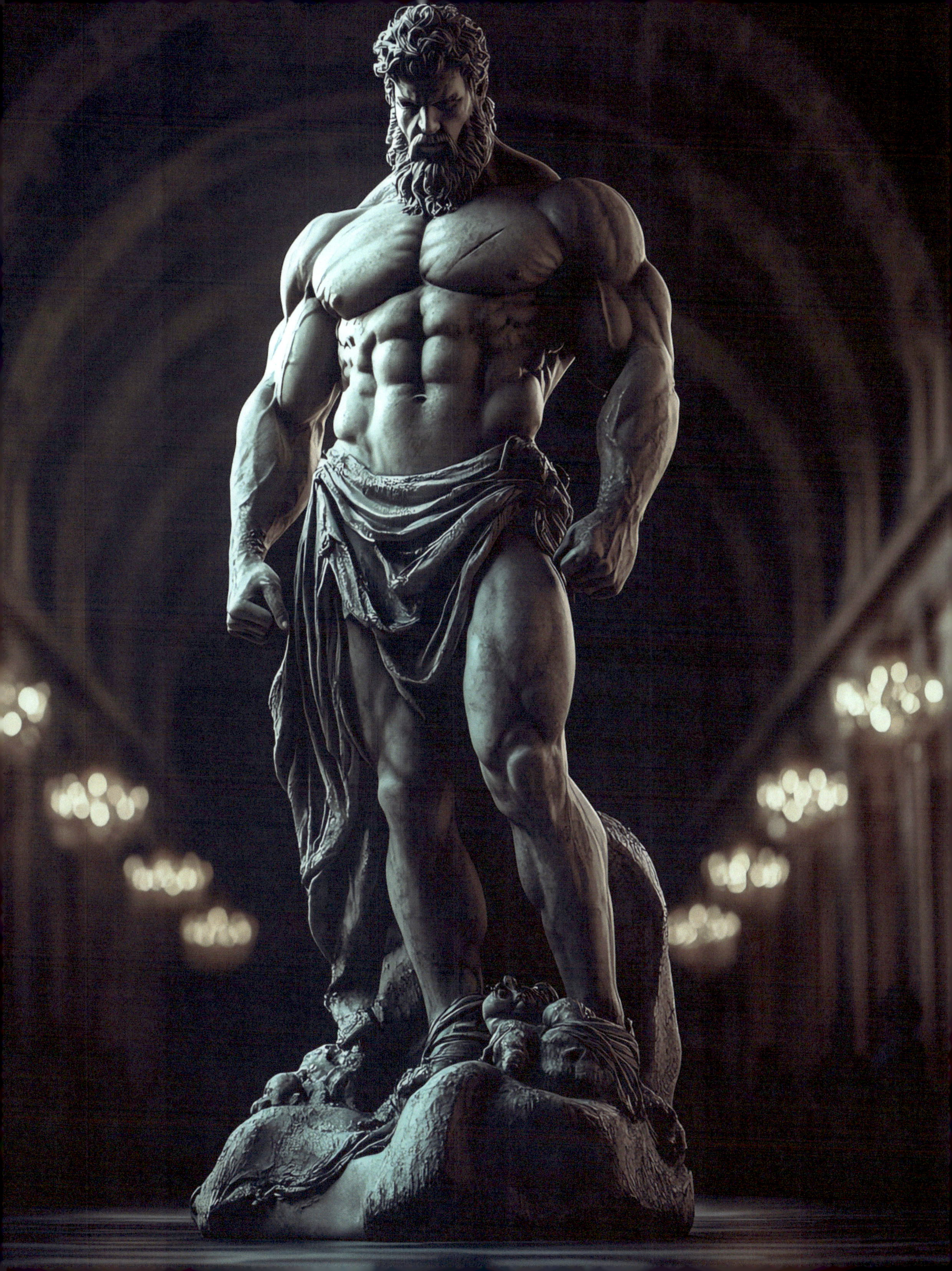

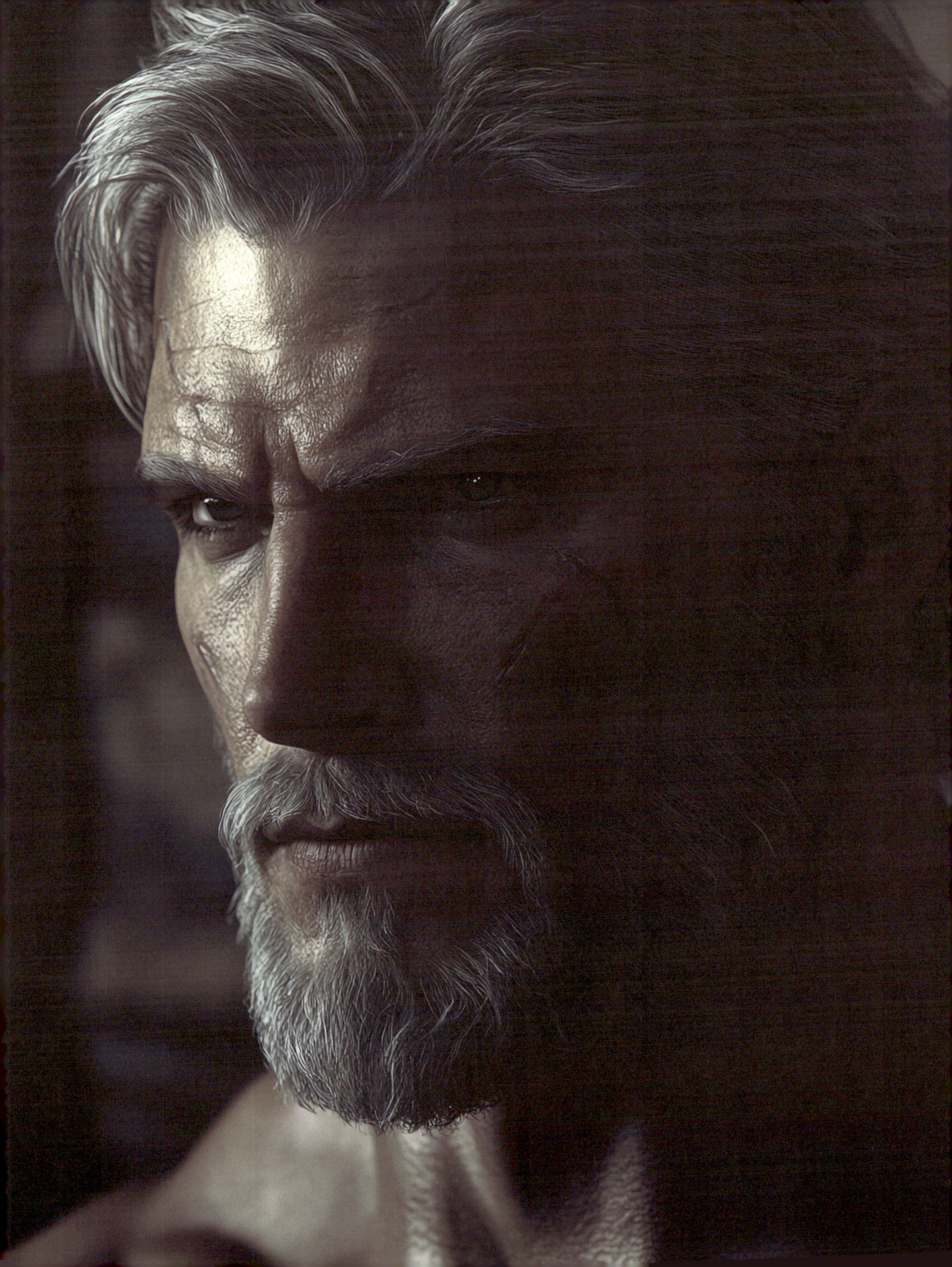

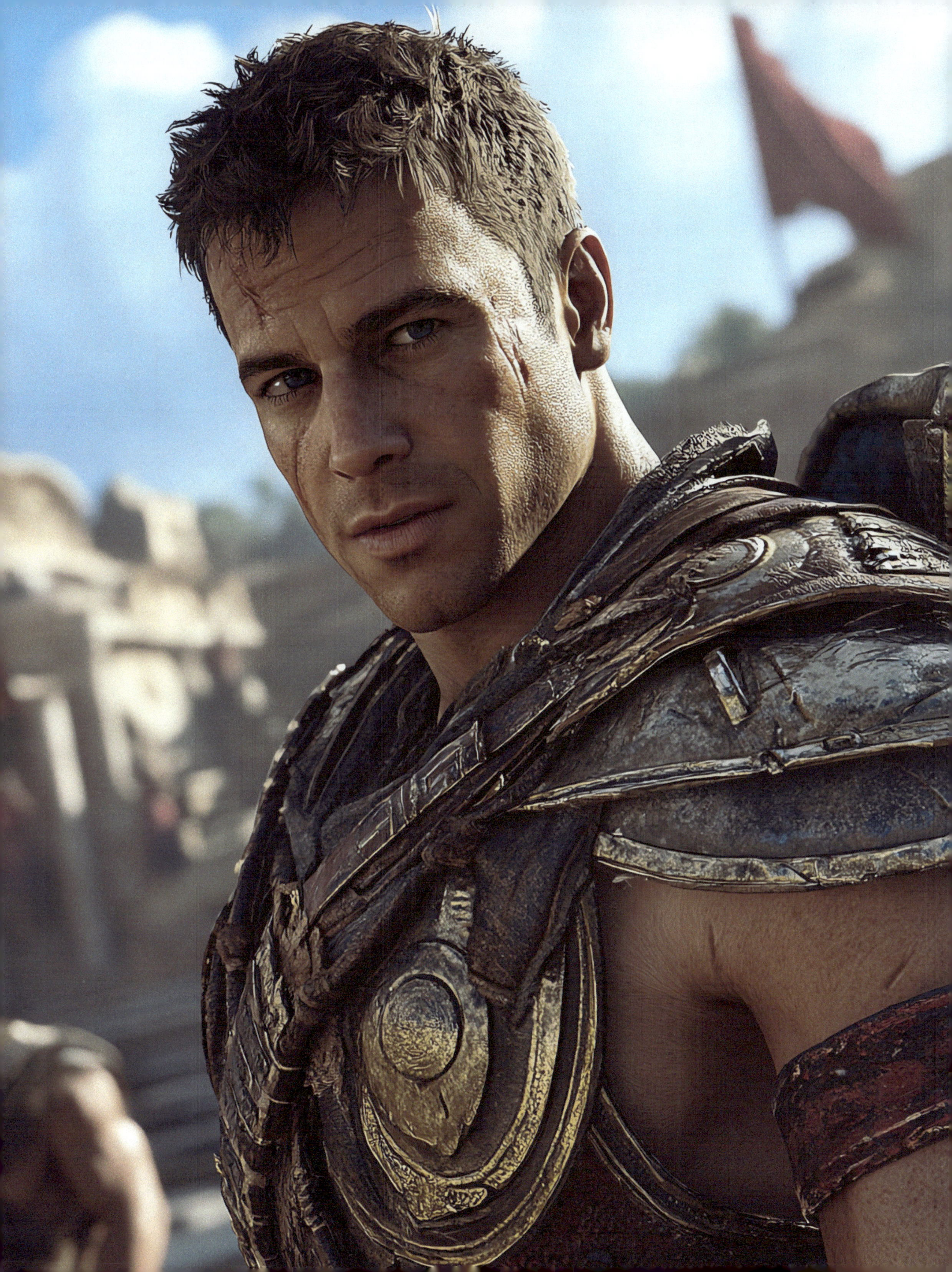

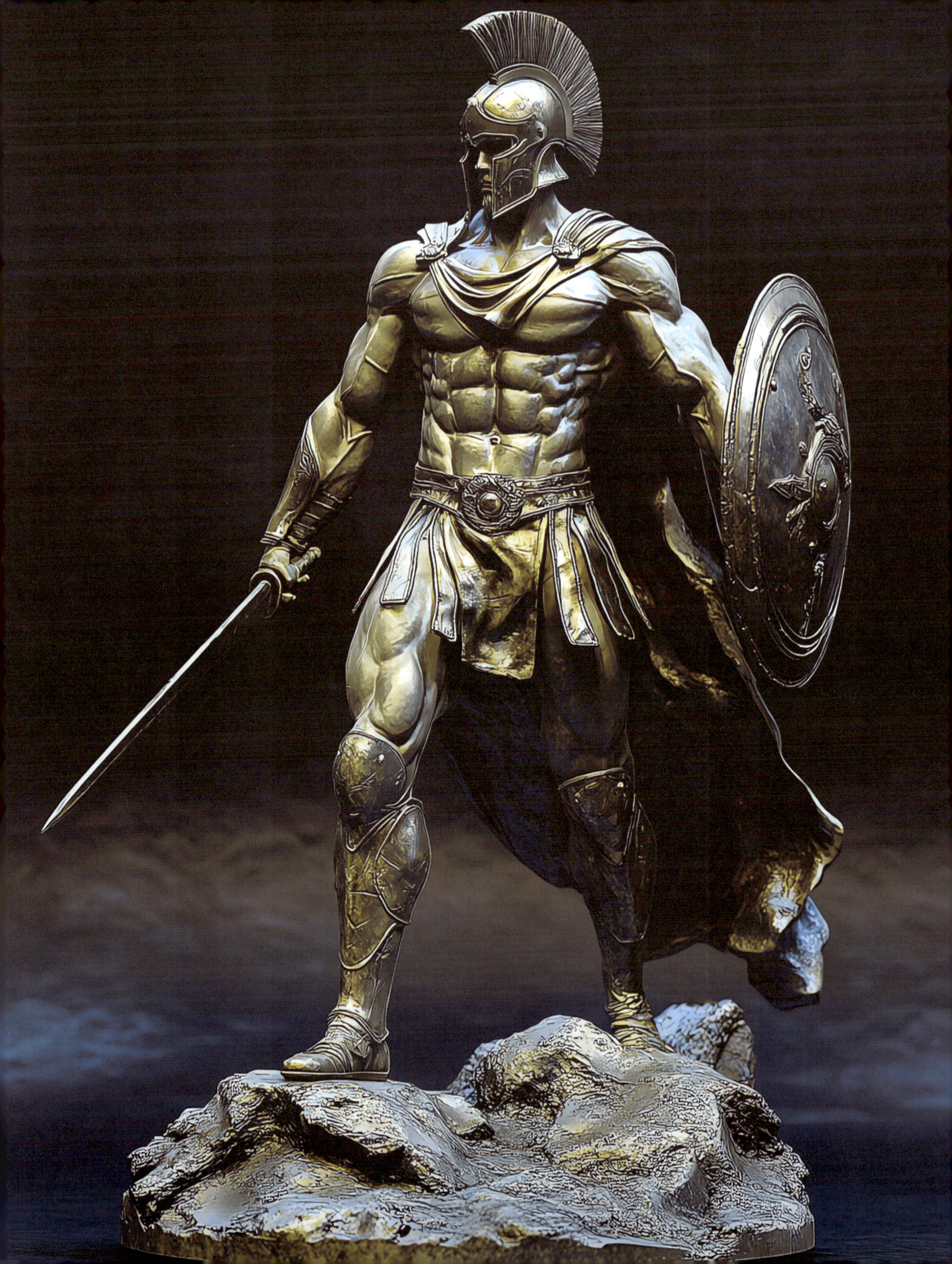

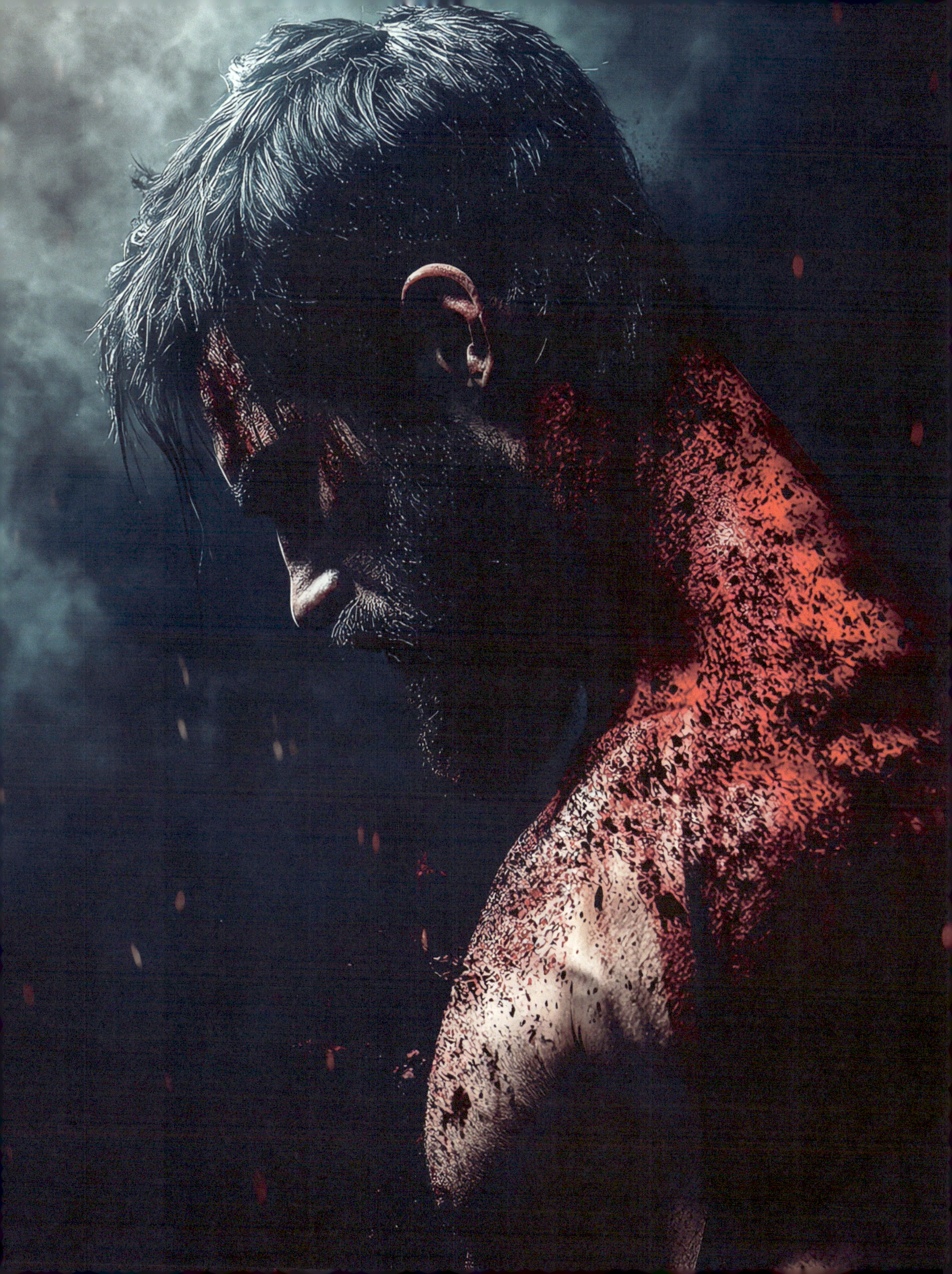

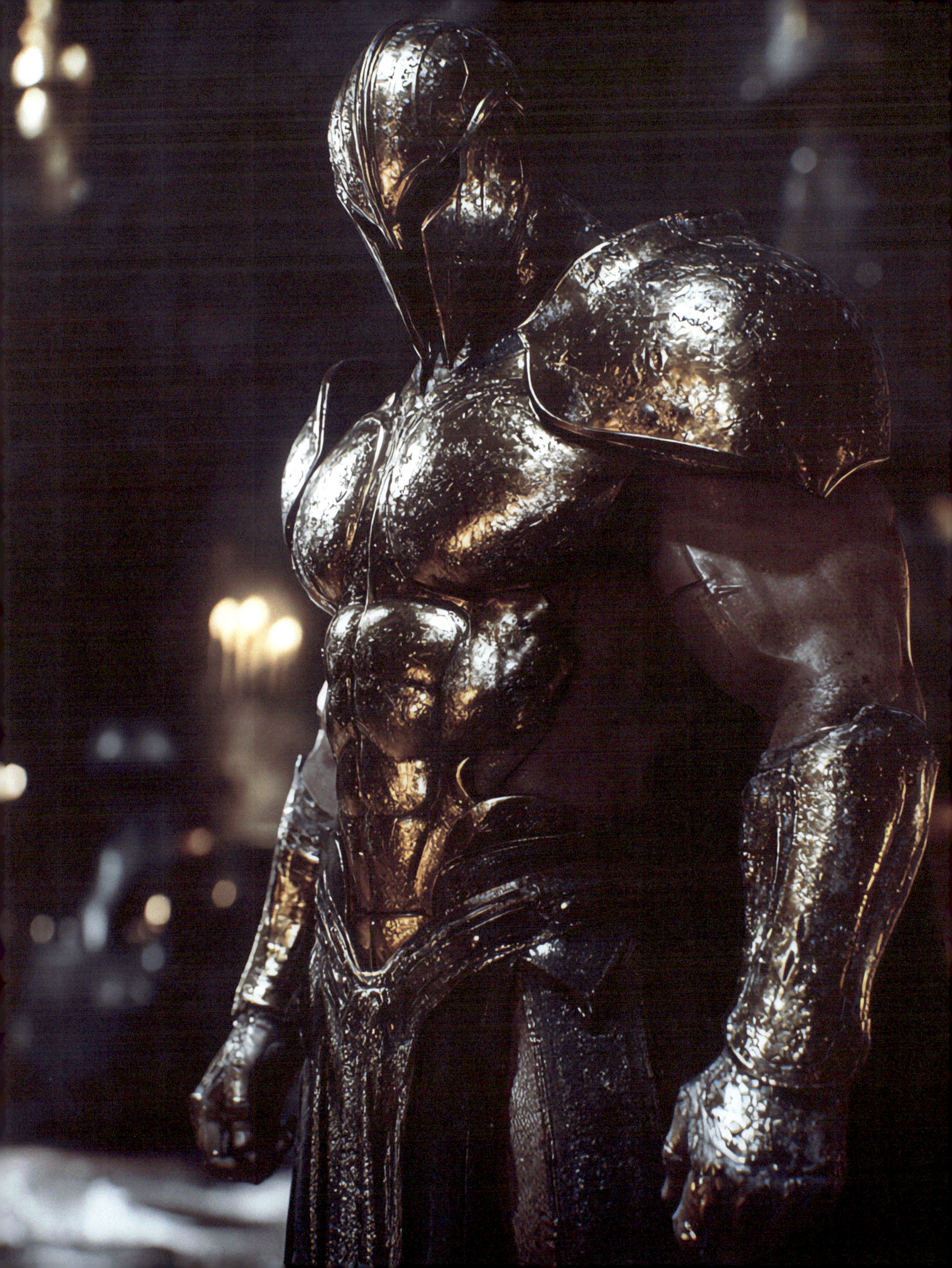

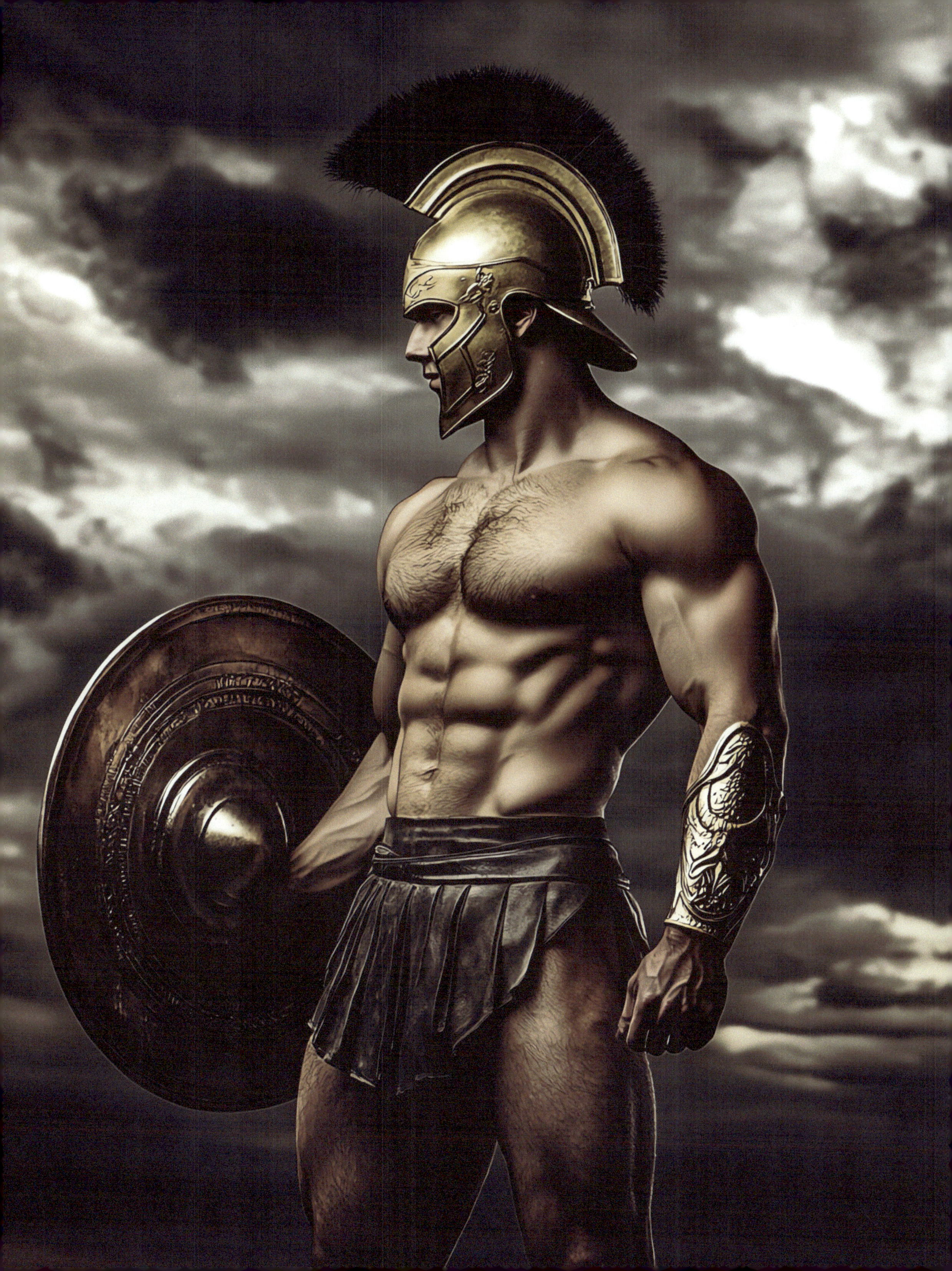

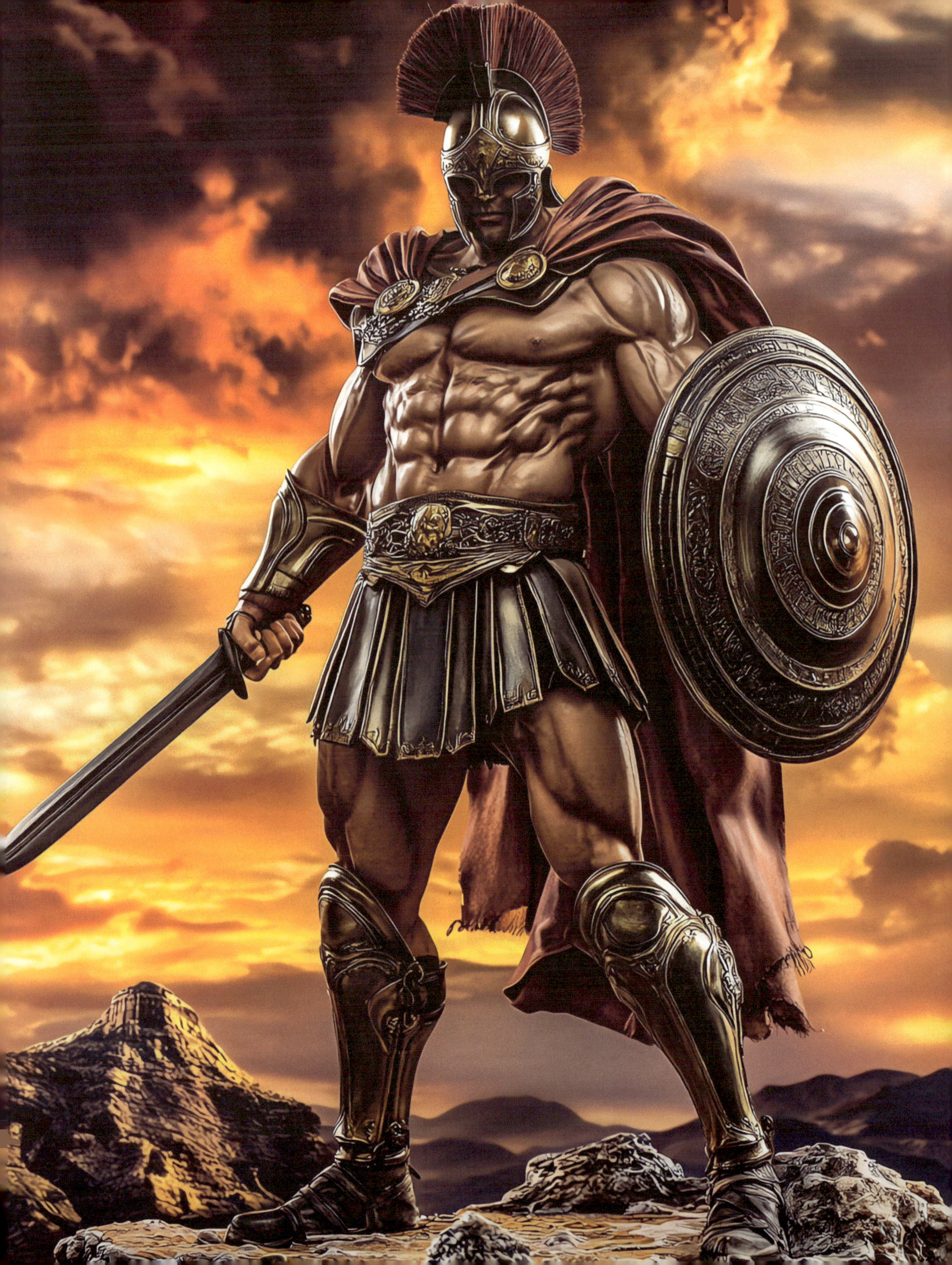

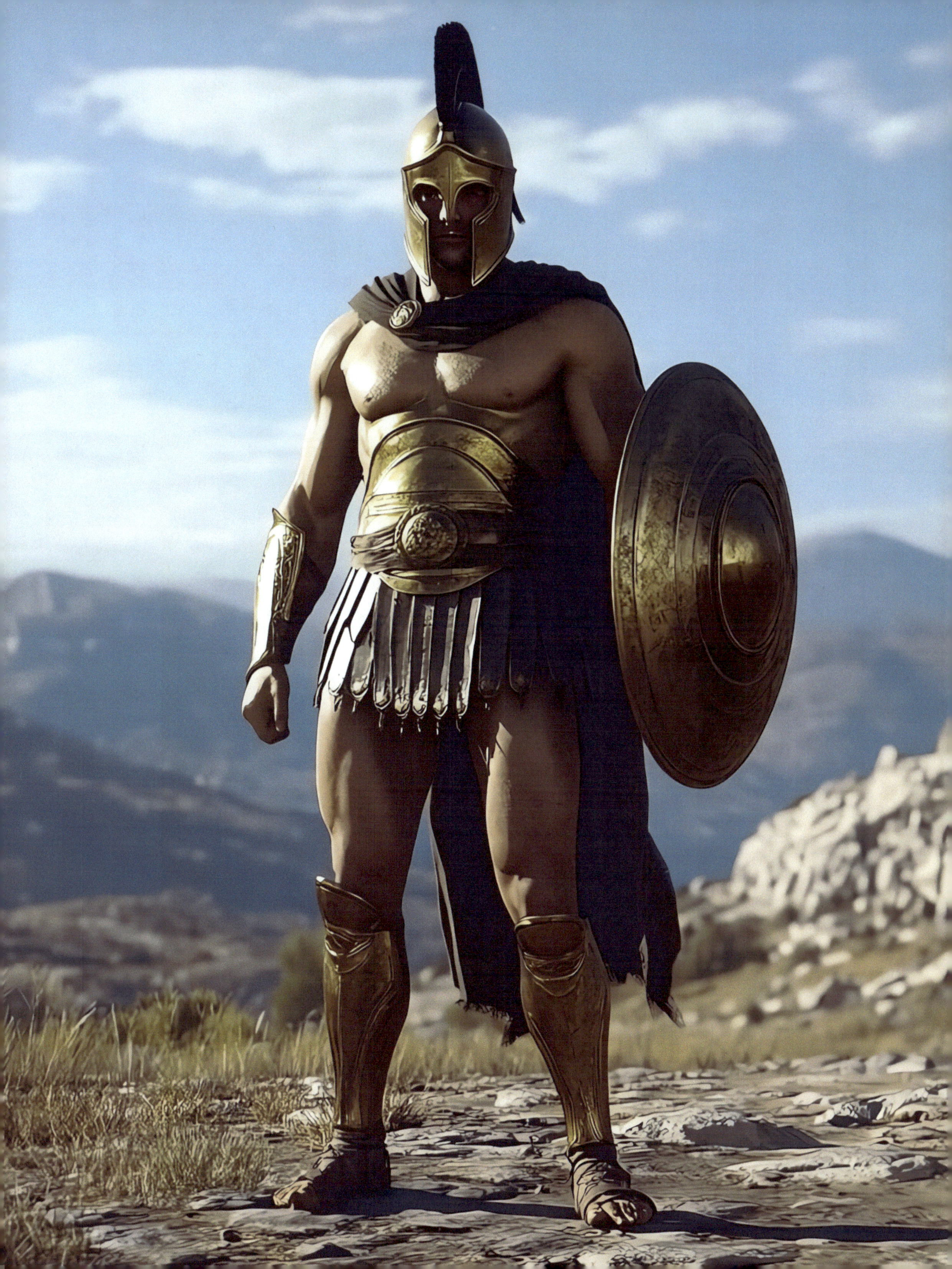

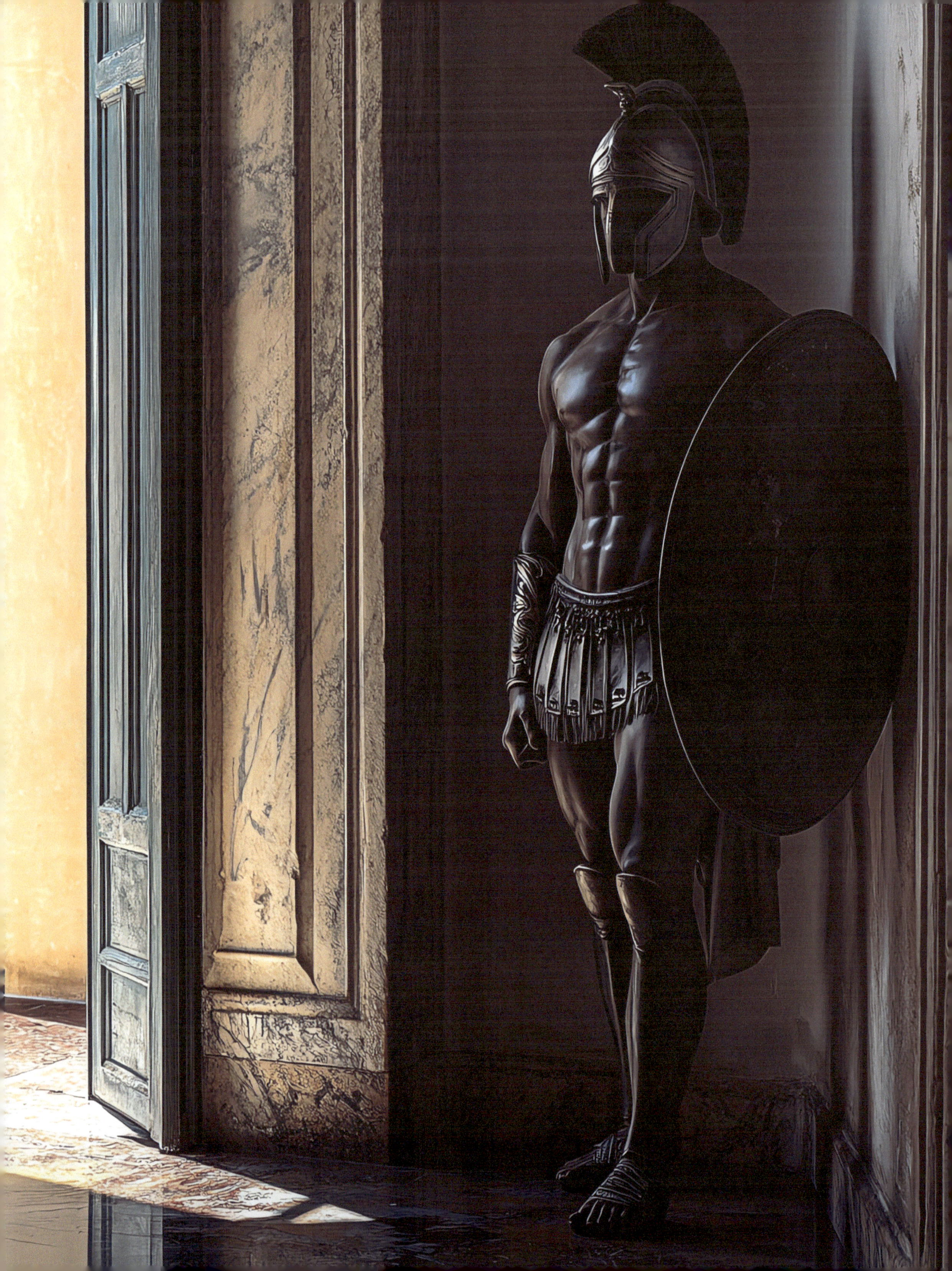

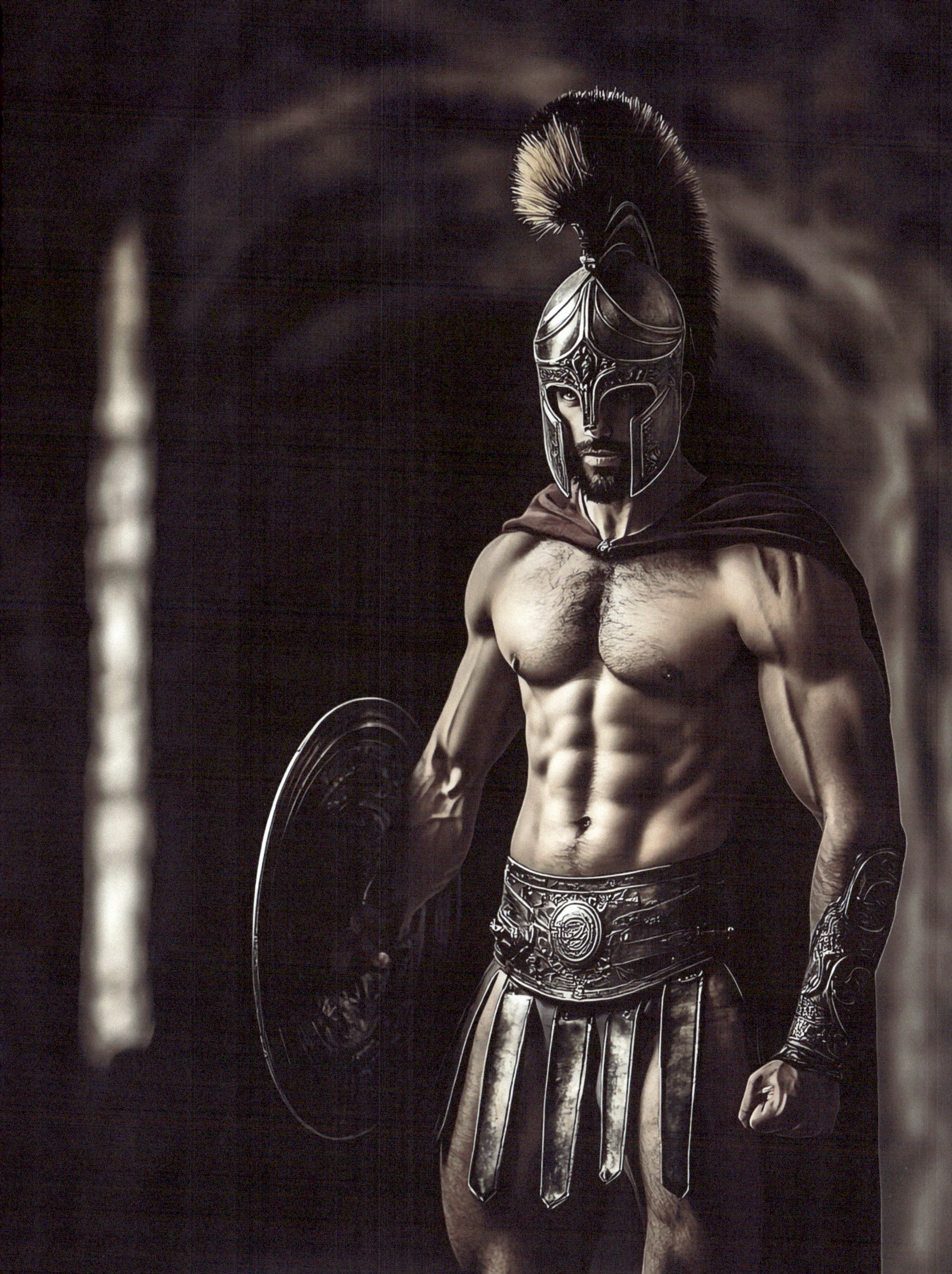

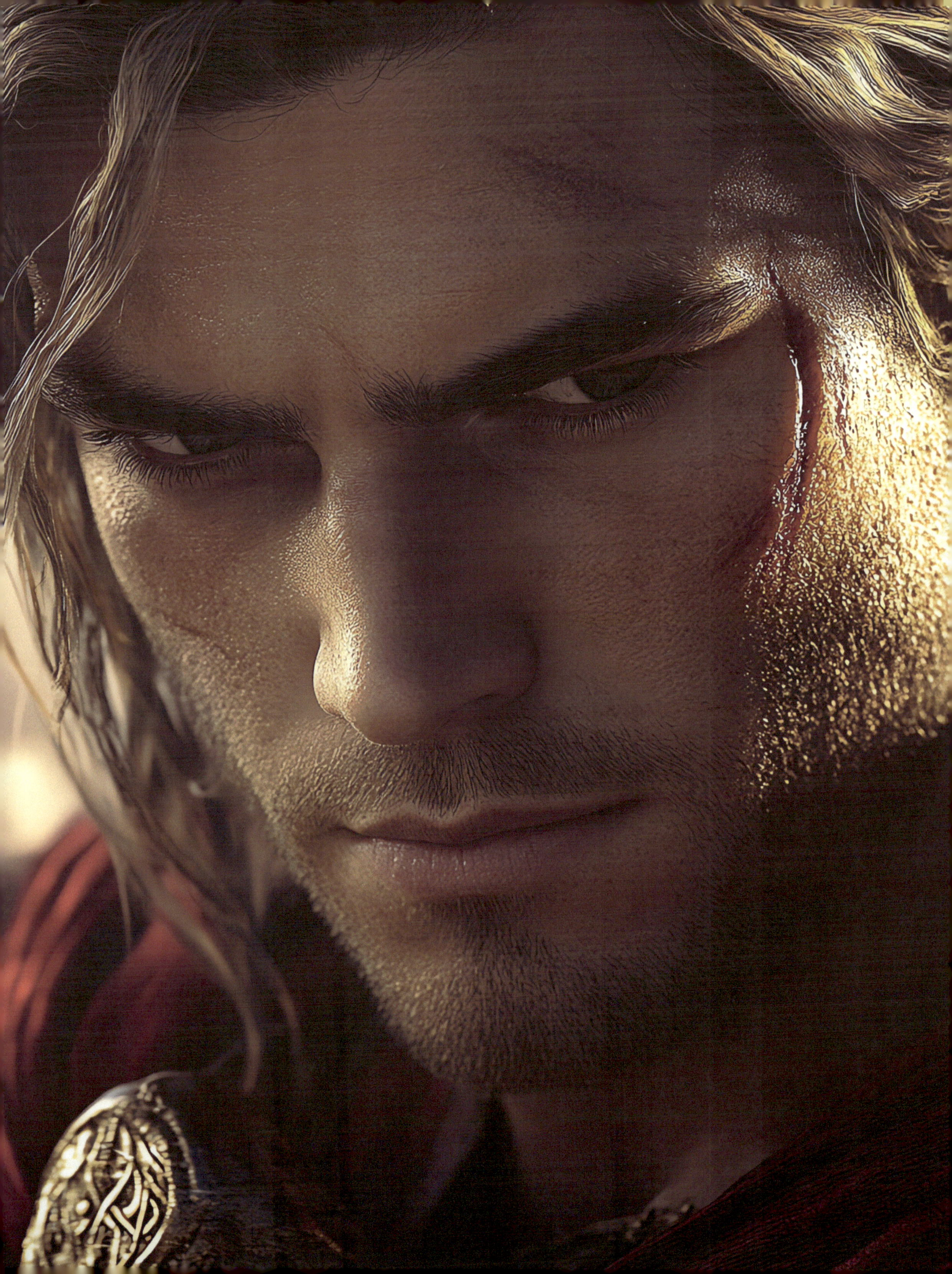

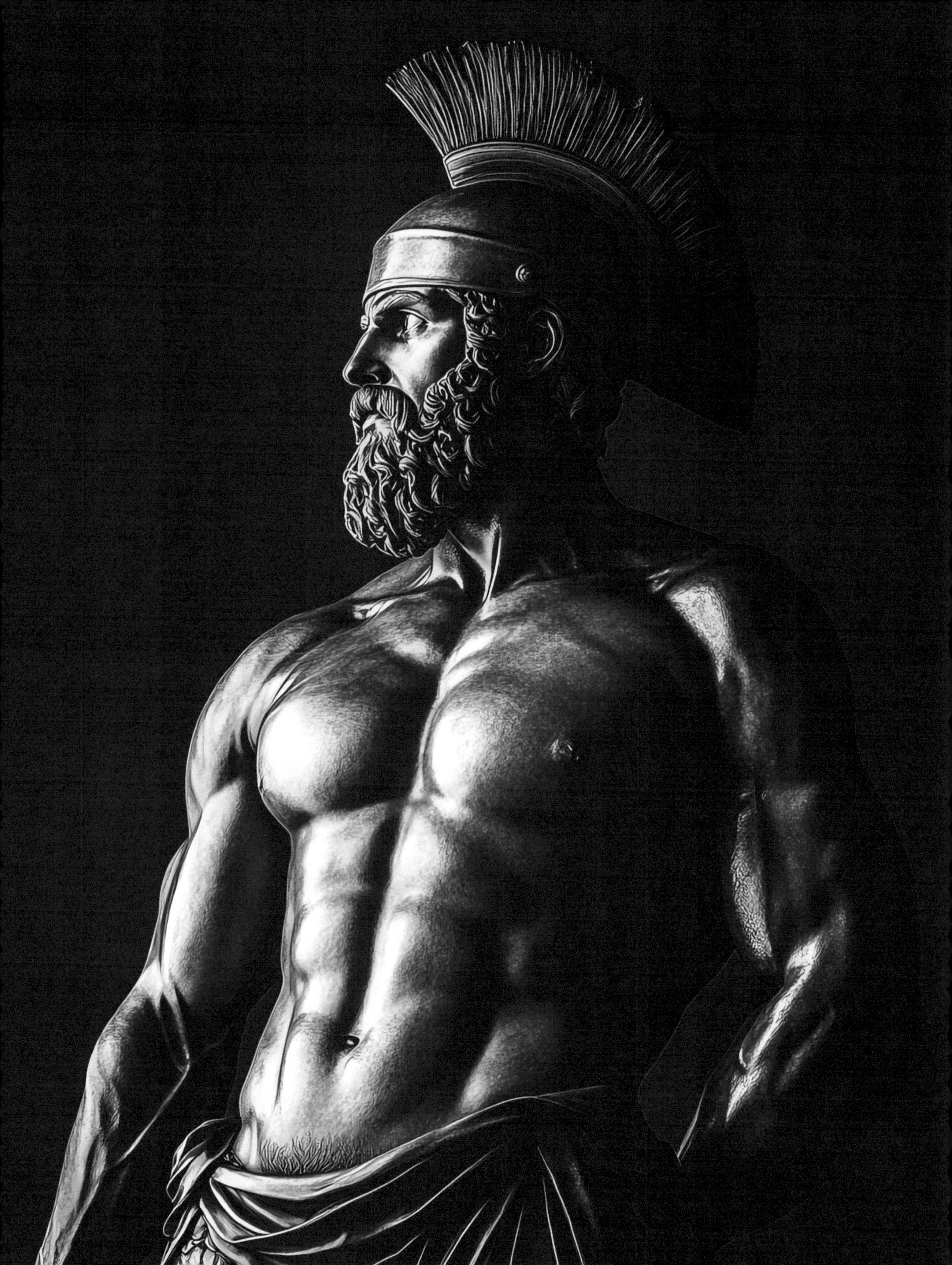

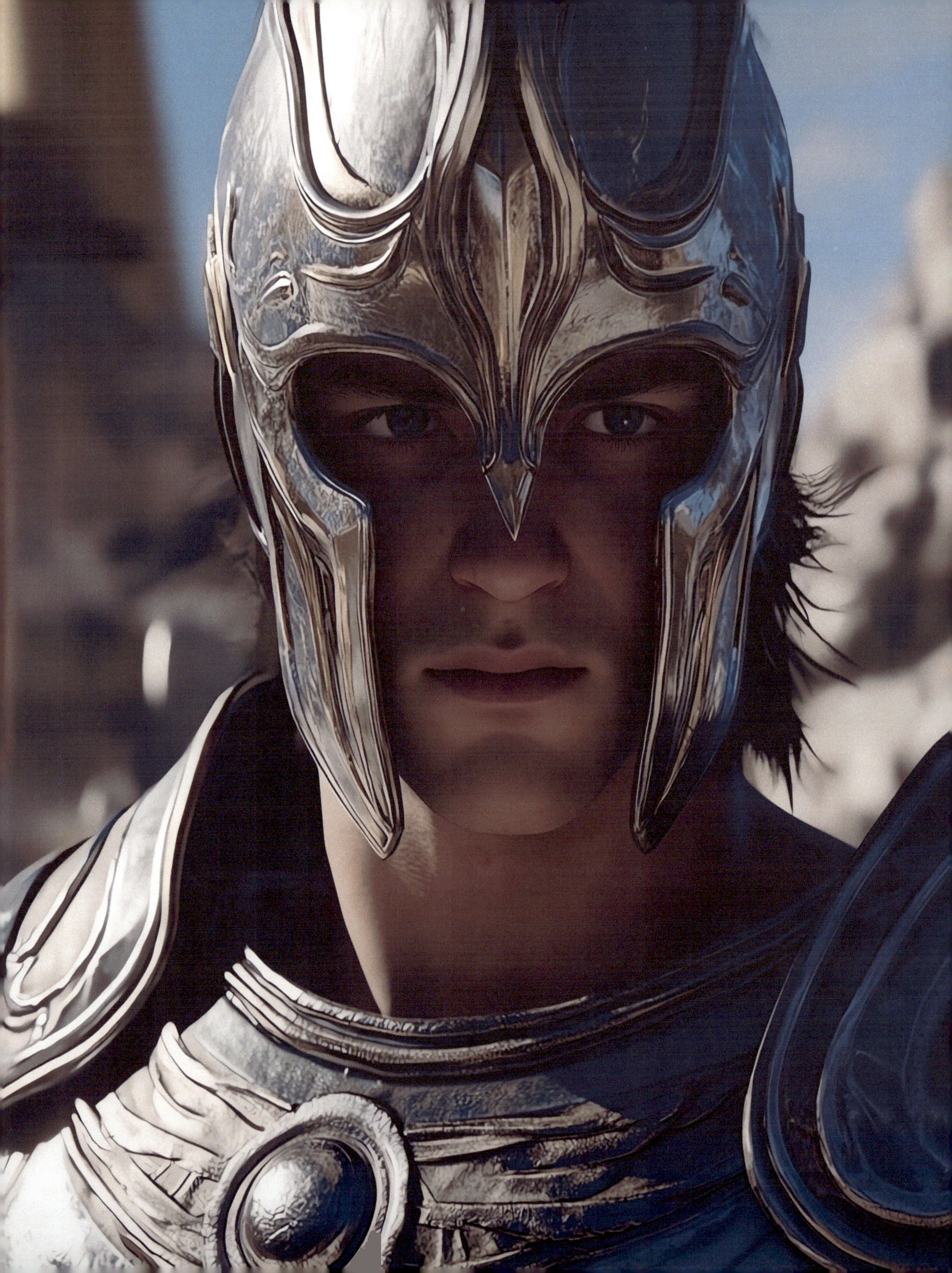

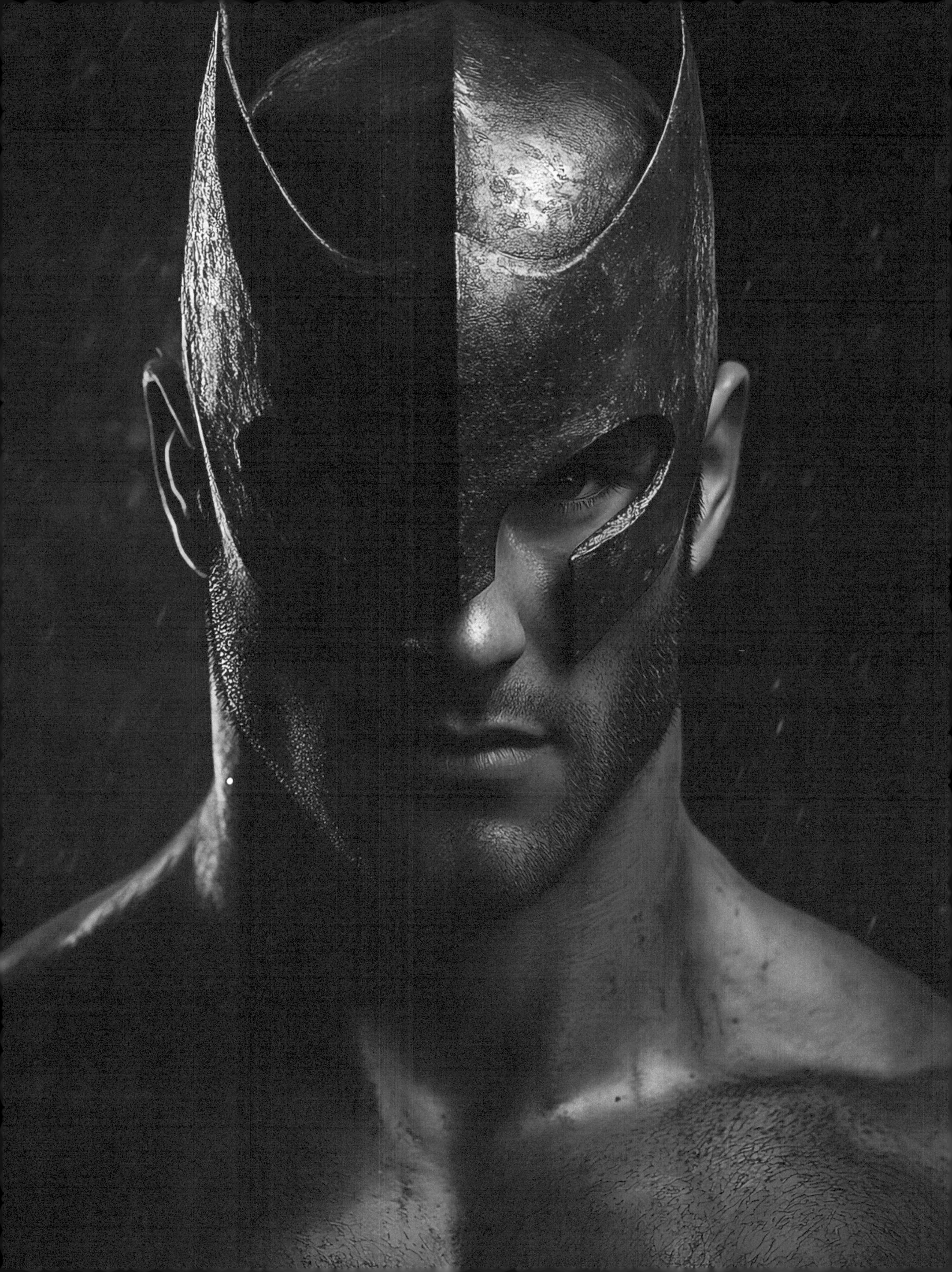

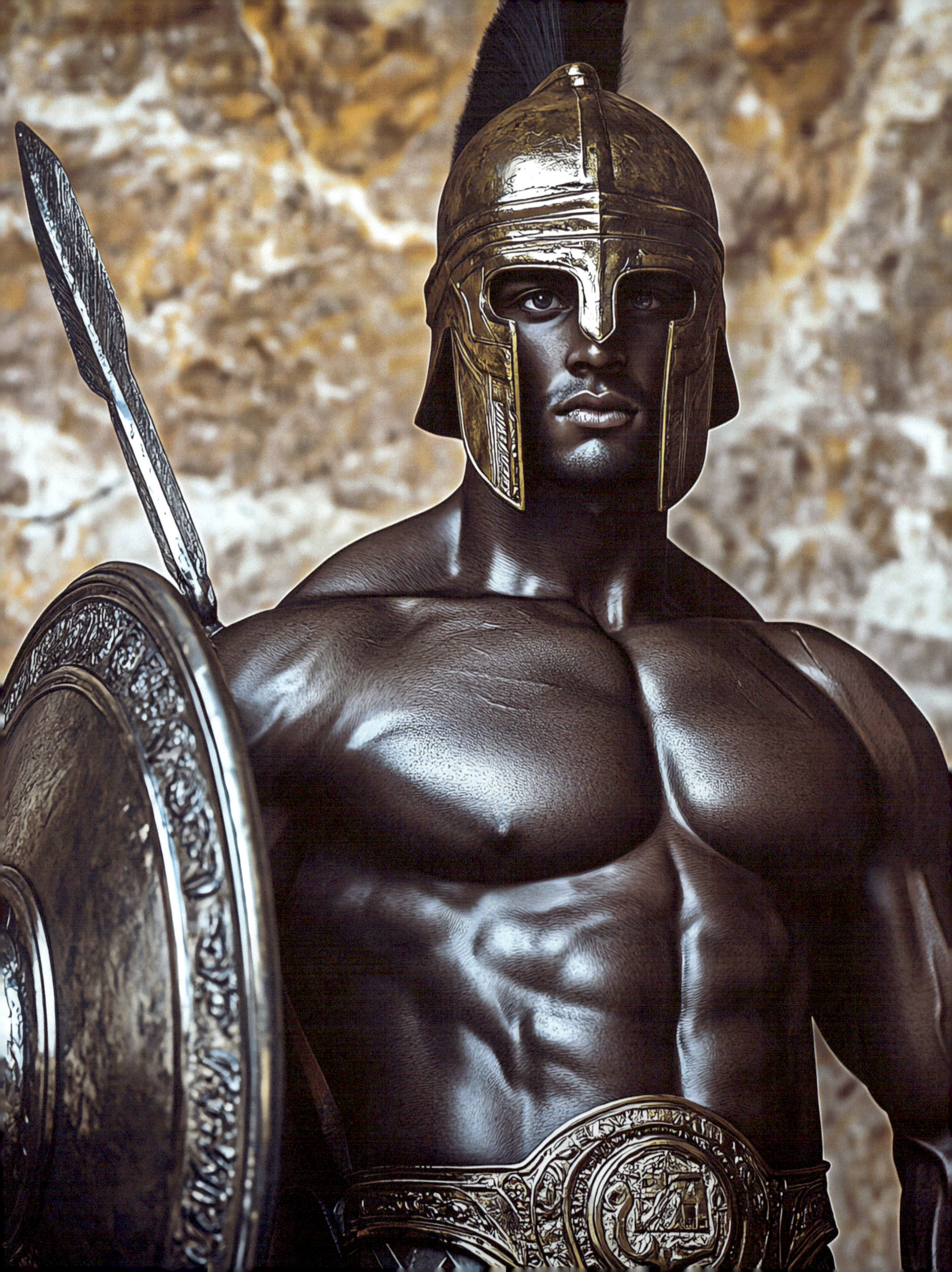

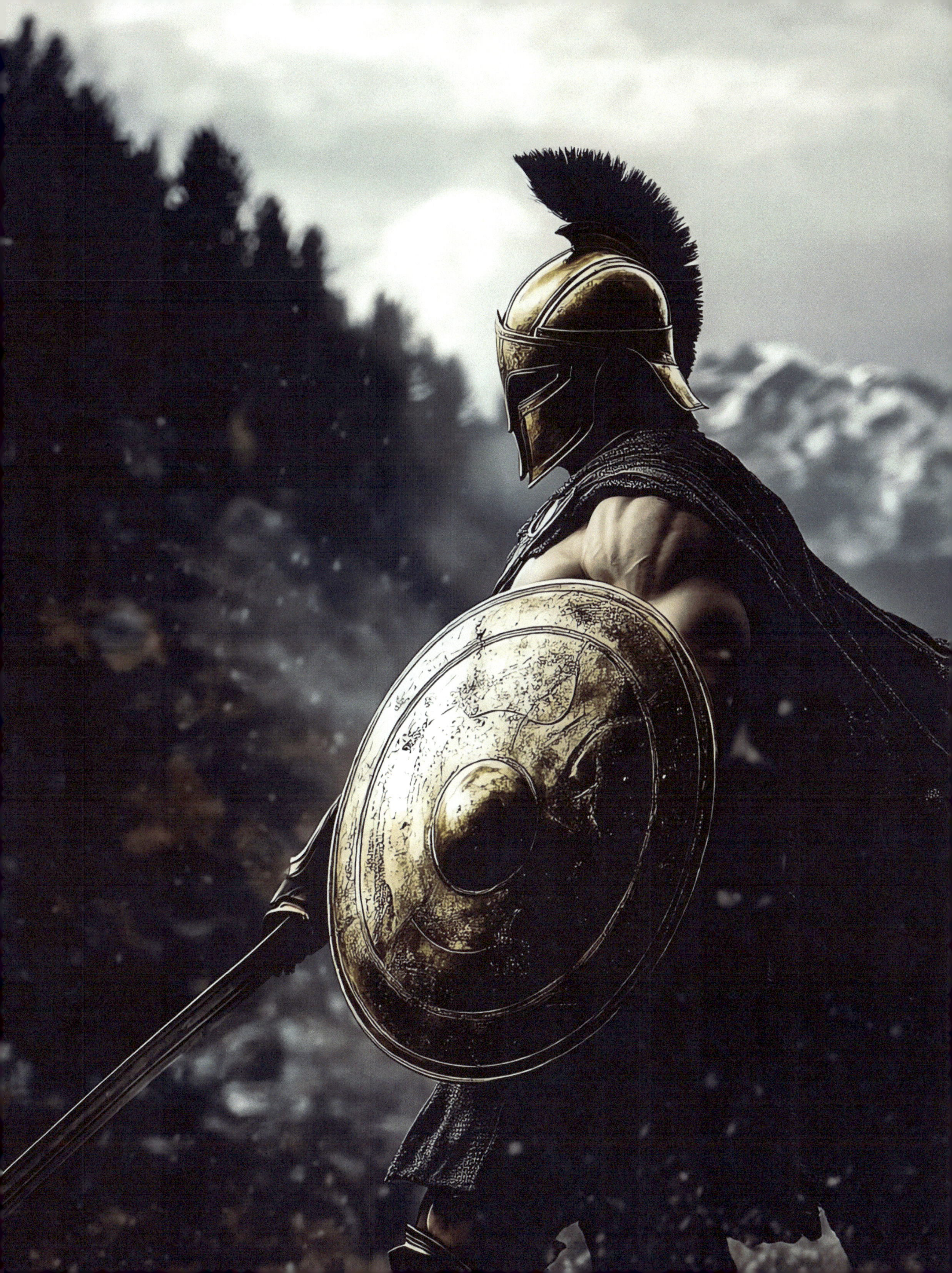

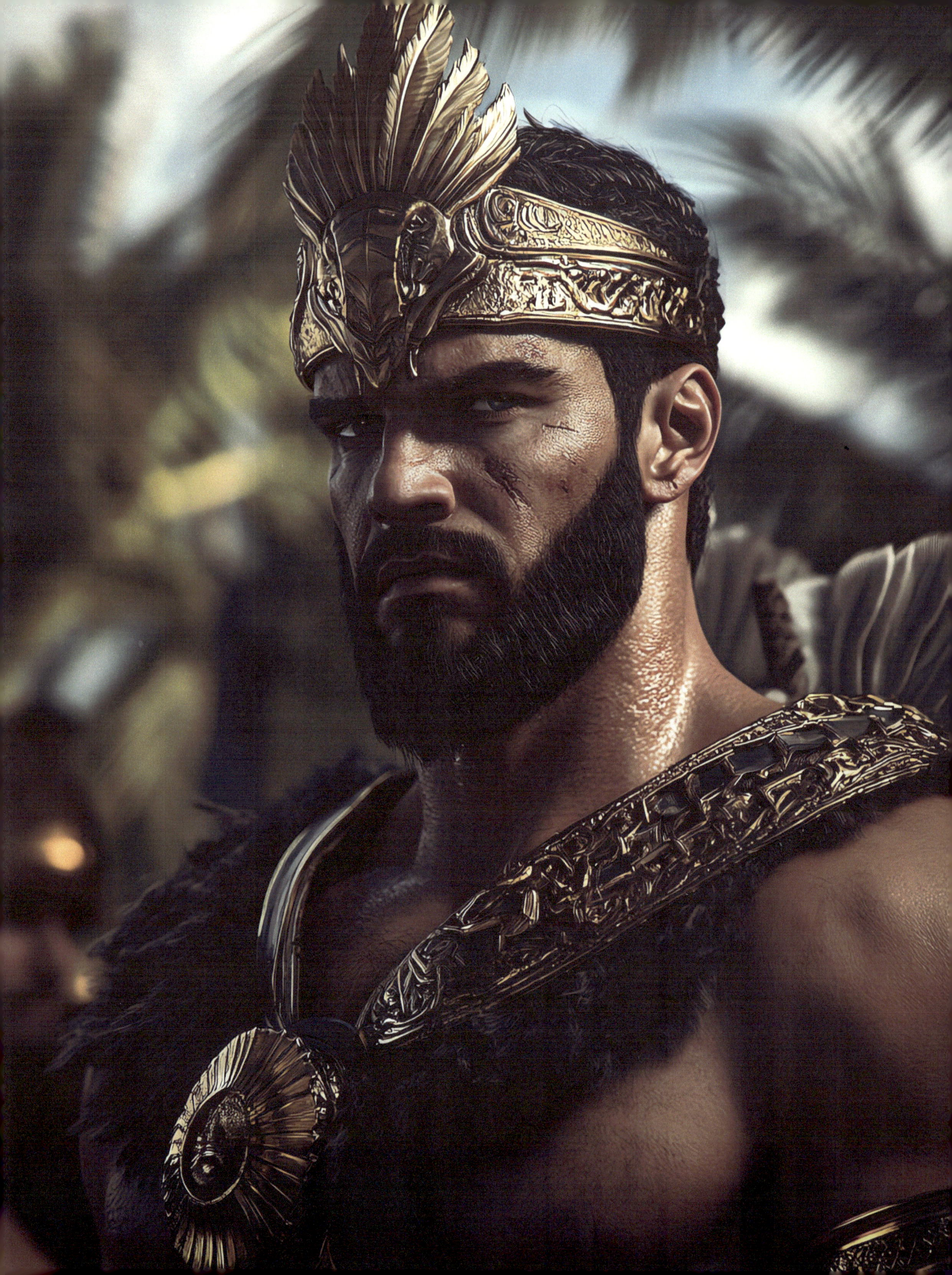

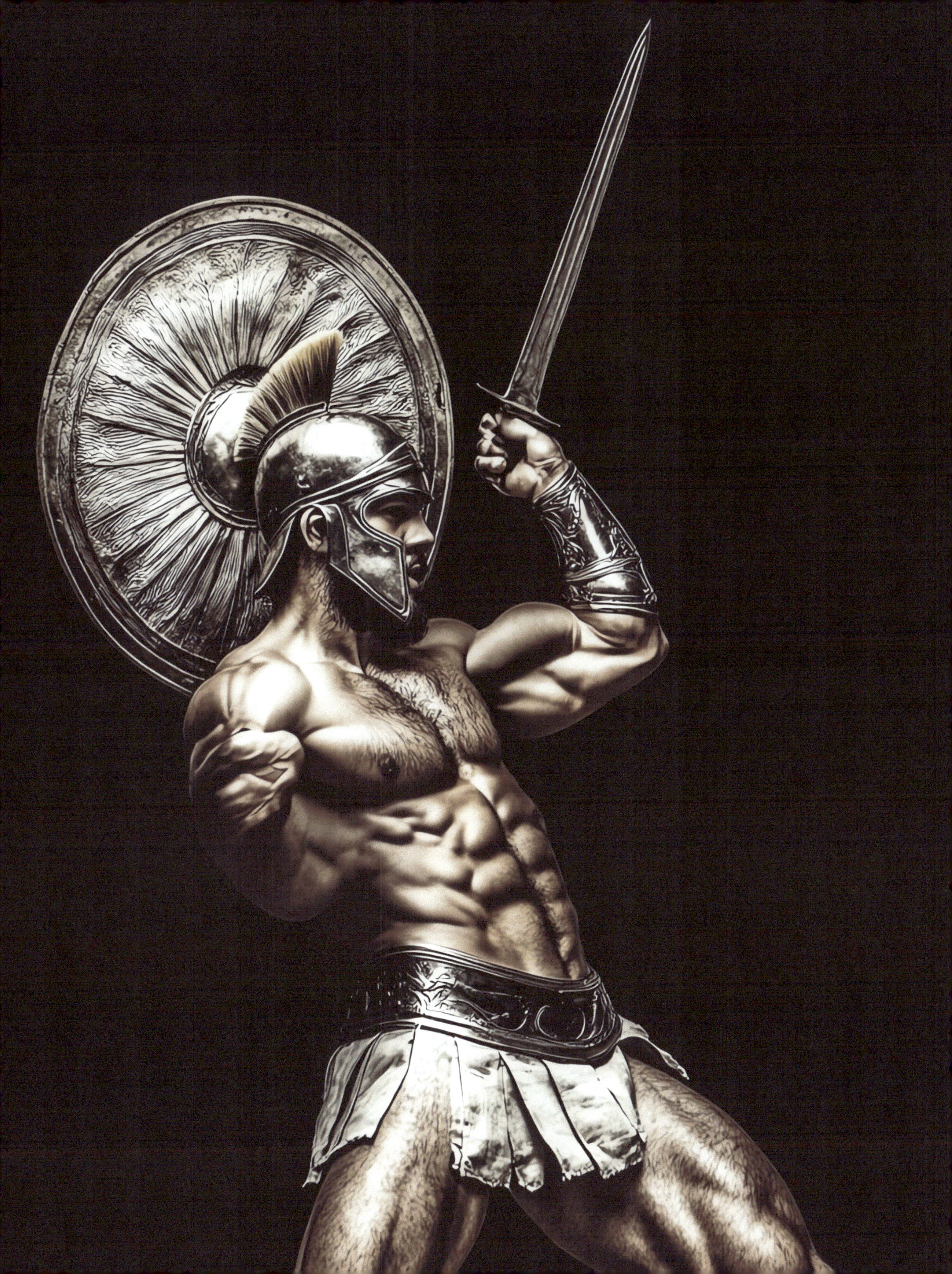

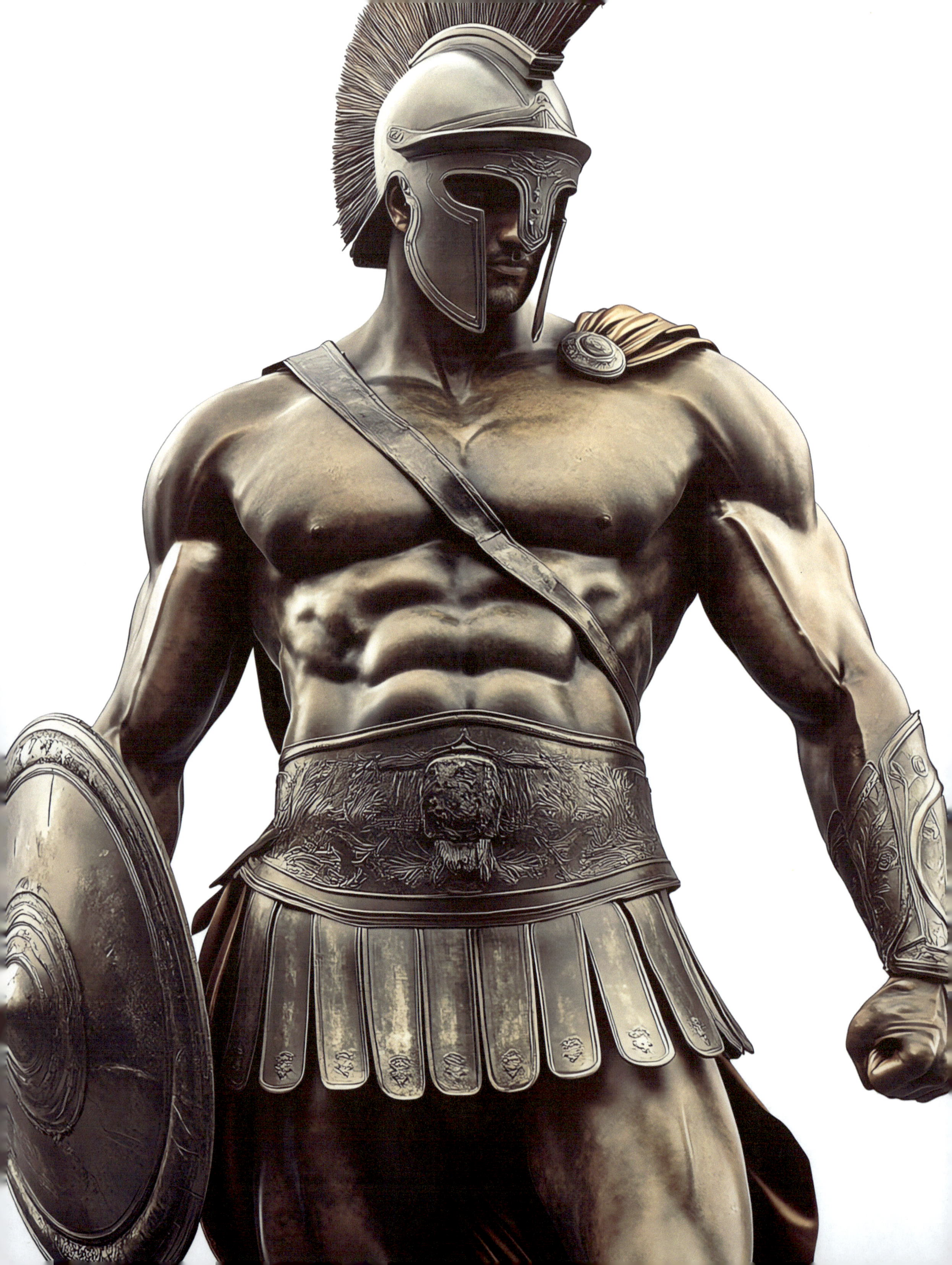